지역학의 이해와 연구방법

고상두

다해

| 지역학의 이해와 연구방법 |

| 초판인쇄 | 2021년 8월 20일
| 초판발행 | 2021년 8월 25일

| 저　　자 | 고상두
| 펴 낸 곳 | 다해
| 주　　소 | 서울시 중구 충무로 29(아시아미디어타워) 703호
| 등록번호 | 301-2011-069
| 전　　화 | 02)2266-9247

ⓒ 2021. 이 책의 저작권은 저자에게 있습니다.
　서면에 의한 저자의 허락없이 내용의 일부를 인용하거나 발췌하는 것을 금합니다.

ISBN 979-11-5556-204-8 93300
값 15,000원

지역학의 이해와 연구방법

고상두

| 머리말 |

대학은 우리 사회에서 이론을 만들어내는 유일한 기관이다. 정부, 언론 그리고 국책연구소 등이 지식과 정보를 생산하지만, 이론 개발에 가장 큰 관심을 보이는 기관은 대학이다. 그러므로 학자들이 이론 생산을 게을리 하게 되면, 그들의 고유한 전문성과 학문적 권위는 쇠퇴하고, 대학 내에서 교수들은 풍부한 실무경험과 강의 역량이 뛰어난 현장 전문가들에 의해 점차 대체될 것이다.

기업이 상품을 생산하는 것처럼, 대학은 지식을 생산하는 공작소이며, 대학이 생산하는 지식은 주로 이론의 형태를 띤다. 그런데 오늘날 대학에서 학부생들은 이론을 습득하는 소비자에 그치고 있고, 대학원 과정에서 이론 생산이 이루어지고 있다. 그러므로 이론 연구를 다루는 대학원이 대학의 존립 기반이라고 하여도 과언이 아니다.

소비자 대다수가 자동차, 전화기, 컴퓨터 등 많은 다양한 상품을 알고 사용하지만, 그러한 상품들을 만들지는 못한다. 해당 상품의 생산 방법을 배우지 않았기 때문이다. 마찬가지로 학생들이 많은 이론을 알고 있지만, 이론을 만드는 능력을 갖추고 있는 것은 아니다. 이론을 만드는 연구 방법을 익혀야 하며, 연구 방법에 능통하게 되면 이론의 생산자가 될 수 있는 것이다.

이 책은 지난 20년 동안 연세대학교 대학원 과정에서 지역연구 방법 수업을 하면서 가르쳤던 내용을 담았다. 수업을 통해 깨닫게 되는 사실은 교수가 학생을 가르치고 학생이 교수를 가르친다는 것이다. 따라서 수업을 거듭하면서 많은 새로운 내용을 알게 되었고, 책을 출판하는 것을 계속 미루어왔다. 하지만 이제 배우는 것보다 잊어버리는 것이 많아지는 지식증가의 한계점에 도달하게 되면서 현재까지 축적된 지식만이라도 정리해야겠다는 생각을 하게 되었다.

오스트리아의 천재 철학자 비트겐슈타인은 평생 1권의 책을 출판하였다. 그것도 수십 페이지에 불과하였다. 사후에 그의 유족과 동료들이 서재에서 엄청난 양의 원고를 발견하였다. 학자는 늘 자신의 지식을 어떻게 함축할 것인지를 고민한다. 이론은 현상을 최대한 압축적으로 표현한 명제이다. 그러므로 단 한 줄의 문장으로 표현되는 이론들이 많다. 이론적 지식을 제공하는 것은 엄청나게 복잡한 사회현상을 압축적으로 전해주는 것이다.

이와 같은 맥락에서 진정한 교육이란 가르쳐주는 것이 아니라 일깨워주는 것이라고 할 수 있다. 학생들에게 많은 양의 정보를 제공하는 것은 밥을 떠먹여 주는 것과 같다. 심지어 불교에서는 선승이 제자들에게 아무 말 없이 묵언으로 가르침을 전달하고 있다. 적게 가르칠수록 더 열심히 깨우치려고 노력하기 때문이다.

나는 대학 강의를 시작하면서 교수보다 학생들이 더 많이 발언하는 수업을 꿈꾸었다. 초기에는 불가능하였다. 가르치겠다는 열정이 압도적이었기 때문이다. 하지만 세월이 흐르면서 점차 경청에 필요한 인내심을 갖게 되었고, 토론을 이끌 수 있는 진행 능력이 생겼다.

교수는 강의실의 "감정노동자"이다. 강의 시간 내내 일방적으로 열강을 하면 졸거나 무관심한 학생이 생겨나고, 마음의 상처를 받게 된다. 그런데 학생들이 주도하는 수업을 하게 되면 학생들의 눈에서 빛이 나고 교수로서의 보람을 느끼게 된다. 학생들이 적극적으로 참여하는 수업이 되기 위해서는 교재 분량이 적을수록 좋다고 생각한다. 학생들이 과제를 통해 스스로 공부할 수 있도록 하기 위해 이 책의 내용도 최대한 함축적으로 작성하였다.

이 책은 크게 4개의 장으로 구성되어 있다. 제1장은 지역학이란 무엇인가이다. 이 장에서는 먼저 지역학의 개념과 역사를 소개하고, 이어서 한국에서 축적된 지역학 업적을 설명하는데, 중국, 일본, 유럽, 러시아 등 주요 해외지역을 연구하는 학문 세대와 연구주제의 동향을 개괄적으로 소개한다. 이어서 지역연구의 가장 중요한 3가지 특징이 무엇인지를 설명한다.

제2장은 지역연구의 방법인데, 여기에서는 해석학적 연구 방법과 사회과학적 연구 방법을 소개한다. 이 두 가지 연구 방법은 사회현상을 분석하는 데에 필요하다. 해석학적 연구 방법은 현상의 거시적인 배경 원인을 도출하는 데에 사용하고, 사회과학적 연구 방법은 미시적인 촉발 원인을 찾는 데에 사용한다. 지역학에서는 이러한 두 가지 연구 방법을 모두 활용하지만, 해석학적 연구 방법을 사용하는 것이 학문적 정체성에 더 부합한다.

제3장은 지역연구 분석전략으로서 사례분석, 비교분석, 부울 연산법, 내용분석을 소개한다. 현상의 분석에는 많은 전략이 있지만, 지역연구에 적합한 분석으로서 4개를 선정하였다. 이들 분석전략이 크고 작은 차이는 있지만 모두 지역학 이론 생산에 기여하기 때문에, 별다른 차별 없이 사용하여야 할 것이다. 사실 이론 생산의 효과는 어떤 분석전략을 선택하느냐보다 얼마나 유용하게 잘 활용하는가에 의해

좌우된다.

　제4장은 자료조사와 글쓰기이다. 이 장에서는 자료를 수집 조사하는 기법, 그리고 연구계획서와 연구논문을 작성하는 법을 소개한다. 자료를 수집하는 방법에는 도서관을 찾아가서 문헌을 찾는 쉬운 방법도 있지만, 연구자가 면담이나 설문을 통해 생산해야 하는 경우도 있다. 이를 위해서는 조사기법을 활용해야 할 것이다. 연구계획서와 논문의 관계는 설계도와 건축물과 같다. 따라서 논문을 작성하기 위해서는 연구계획서를 먼저 작성해야 한다. 이 장에서는 연구계획서에 어떤 내용이 담겨야 하는지를 소개하고, 작성된 연구계획서를 토대로 논문을 어떻게 작성하는지를 설명하고자 한다.

　이 책의 발간에 즈음하여 지역연구 방법 수업을 들은 모든 수강생에게 감사를 표한다. 그들은 나의 학문적 동료였다. 그리고 이 책을 읽어주고 조언을 해준 서혜원 조교에게 감사하는 마음이다. 아울러 이 책이 훌륭한 모습을 갖출 수 있도록 노력해주신 다해출판사 모든 분에게 감사드린다.

2021. 8.

저자 고상두

목차

제1장 지역학이란 무엇인가

제1절 지역학의 개념
    1. 지역학자는 공간을 나누어 지역을 만든다.   15
    2. 지역학은 해외지역을 종합적으로 이해하는 학문이다.   17
    3. 지역학은 융합학문이다.   21
    4. 지역학은 실용학문이다.   23
    5. 지역학은 특수성을 발견하는 학문이다.   25
    6. 지역학과 지역연구의 차이   28

제2절 지역학의 역사
    1. 초기 지역학은 정복학이다.   31
    2. 한국의 지역학은 선진화 학문이다.   36
    3. 탈 세계화 경향으로 인해 지역학이 중요해지고 있다.   41

제3절 한국의 지역연구 현황
    1. 지역연구는 관심 대상국의 위상에 의해 영향을 받는다.   45
    2. 일본 연구에서 대일감정은 극복되어야 한다.   49
    3. 중국은 거대하지만 신뢰할 수 있는 풍부한 자료가 필요하다.   54
    4. 유럽은 다층적으로 구성된 복잡한 건축물과 같다.   57
    5. 러시아는 모순으로 가득한 수수께끼 같은 나라이다.   62

제4절 지역연구 방법의 특징
    1. 지역연구는 내부적 시각을 중시한다.   66
    2. 지역연구는 학제적 접근법을 사용한다.   70
    3. 지역연구는 현지 지식을 활용한다.   72

제2장 지역연구의 방법

제5절 해석학적 지역연구
1. 사회적 맥락을 모르고 특정 국가에 관한 연구를 할 수 없다. 79
2. 해석적 연구 방법이란 사회적 맥락을 찾는 것이다. 82
3. 해석학적 연구사례 84

제6절 사회과학적 지역연구
1. 과학이란 검증을 통해 원인을 탐구하는 연구 방법이다. 90
2. 이론이란 현상의 이해를 돕는 틀이다. 96
3. 이론은 개념에 의해 구성된다. 98
4. 이론화 작업은 개념의 구축에서 출발한다. 99
5. 인과관계의 요건은 순차성, 공변성, 탈허위성이다. 103
6. 과학이론의 목적은 설명과 예측이다. 106
7. 지역연구에는 단일변수 이론이 많다. 109
8. 지역연구는 주로 중범위 이론을 생산한다. 110

제3장 지역연구 분석전략

제7절 지역연구 사례분석
1. 사례분석은 1개의 사례를 두껍게 묘사한다. 117
2. 사례분석은 일반화의 한계가 있다. 120
3. 사례연구도 이론화에 기여할 수 있다. 122
4. 사례분석의 5가지 유형 124

제8절 지역연구 비교분석
1. 비교연구에서는 비교사례 선정이 중요하다. 129
2. 비교분석은 사례의 공통점과 차이점을 활용하는 연구 방법이다. 131
3. 최대유사체계분석은 사과와 오렌지를 비교하는 것과 같다. 134
4. 최대상이체계분석은 사과와 캥거루를 비교하는 것과 같다. 138

제9절 부울 연산법
1. 부울 연산법은 이항규칙을 따른다. 143
2. 부울 연산법을 사용하기 위해서는 진리표를 만들어야 한다. 146
3. 유효한 독립변수의 조합을 최소화할 필요가 있다. 149
4. 부울 연산법에서 최소화된 방정식의 사례 151

제10절 지역연구 내용분석
1. 내용분석은 사례의 빈도와 비율을 활용하는 연구 방법이다. 156
2. 내용분석의 목적은 잡음 속에서 신호를 찾는 것이다. 158
3. 내용분석의 주요절차 161
4. 내용분석을 활용한 연구사례 165

제4장 자료조사와 글쓰기

제11절 자료수집 조사 기법
1. 문헌조사는 가장 필수적인 자료수집 방법이다. 173
2. 면담조사는 질적 자료를 수집할 수 있는 기법이다. 176
3. 설문조사는 양적 자료를 수집할 수 있는 기법이다. 180
4. 관찰조사는 자연 상태에서 이루어지는 실험과 같다. 182

제12절 연구계획서와 논문 작성법
1. 연구 진행 절차 188
2. 연구계획서는 논문의 설계도와 같다. 193
3. 논문은 연구 결과보고서이다. 196

제1장
지역학이란 무엇인가

제1절

지역학의 개념

1 지역학자는 공간을 나누어 지역을 만든다.

　지역학의 출발점은 지리이다. 역사학자는 시간을 나누어 시대를 만들고, 지역학자는 공간을 나누어 지역을 만든다. 이처럼 지역학은 지역을 분석 단위로 하는 학문이다. 사실 지역이란 공통의 속성을 가진 지리적 공간을 말한다. 예를 들어 건조기후 지역, 도서 지역 등은 특정한 지리적 속성을 가진 공간이다.
　그런데 지역을 연구한다는 것은 단순한 지리적 공간을 분석하는 것이 아니라, 그 공간에 모여 사는 사람들의 삶에 관해서 연구하는 것이다. 따라서 지역학은 자연 지리보다 인문 지리에 더 가깝다. 인간의 활동으로 생겨나는 정치, 경제, 문화, 역사 등과 같은 모든 현상을 지리적 공간과 연관하여 이해함으로써 사회현상의 지역적 특성과 인과관계를 연구하는 학문이다.
　이러한 점에서 지역학은 인간이 생활하는 공간을 인식의 중심에 두는 학문이다. 지역연구에서 공간은 생활공간을 의미하며, 특정 공간에서 생성 발전된 인간사회를 분석대상으로 삼는 것이다. 그러므로 지역학 본연의 연구목적은 특정한 지역에서 형성된 사회적 맥락을 찾아내는 것이다.

지역학은 공간의 자연적 속성보다 문화적 속성에 더 큰 관심을 가진다. 예를 들어, 서인도 제도는 콜럼버스에 의한 최초의 지리적 발견이라는 사건으로 유명하지만, 이곳이 지역학적으로 중요한 이유는 사탕수수를 대량으로 생산하여 유럽으로 공급하는 대규모 플랜테이션 문화권을 형성하였기 때문이다. 이와 유사한 예로, 지중해 연안을 하나의 지역권으로 간주하는 것은 로마가 이 지역을 정복한 이후, 공동의 생활 문화권이 형성되었기 때문이다. 이 지역의 문화적 영향력은 수천 년이 지나도록 지속하여 이태리, 프랑스, 스페인, 포르투갈은 서로 언어 소통이 쉬우며, 음식, 축제, 인생철학 등 각종 풍습과 문화 양식이 유사하다. 이슬람 문화권, 유교 문화권 등도 유사한 문화를 공유하는 국가들이 지리적으로 인접하여 클러스터를 형성하고 있는 공간이다.

지역학은 이처럼 특수한 가치와 문화를 공유하는 지역을 연구대상으로 한다. 그리하여 특정한 공간에서 자연적 속성과 사회 문화적 속성이 서로 긴밀한 상호작용을 함으로써 만들어진 독특한 삶의 공간에 관심의 초점을 맞춘다. 지역학은 삶의 공간을 단순한 생태적 지리적 공간이 아니라 사회적 공간으로 바라보고, 세계 공간을 사회적 속성을 공유하는 많은 소지역으로 나누는데, 개별 연구자의 시각에 따라 다양한 문화권과 생활권이 분류되어 생겨나는 것이다.

지역의 크기는 고정된 것이 아니라 끊임없이 변화한다. 사회적 속성이 확산 혹은 축소되면서 지역의 크기가 달라지는 것이다. 또한, 지역에 내재하고 있는 사회적 속성은 지역 전체에 균일하게 확산하는 것이 아니라, 중심부와 주변부에 불균등하게 존재하기 마련이다. 예를 들어, 중국의 중화 문화는 신장, 위구르 지역이나 티베트에서는 약하게 나타나고 있다. 그러므로 이 지역에서 중화주의적 특성이 강화되면 중화문화권의 전국화가 이루어지는 것이고, 반대로 약화된다면 분리 독립 현상까지 발생할 수 있다.

반대의 예를 든다면, 과거 남북한이 공유하였던 한반도 문화라는 속성이 오랜 분단의 시기를 거치면서 점차 약해지고 있다. 그리하여 언어, 음식, 생활방식 등이 서로 달라지고, 동질적인 문화 정체성이 쇠퇴하면서, 나이 든 세대는 아직 맹목적 민족주의 정서를 갖고 통일을 희망하지만, 젊은 세대의 통일의식은 약해지고 있다. 한반도가 하나의 문화권이라는 속성을 상실하게 되면, 남북한에 사는 주민을 함께 묶을 수 있는 통일의 힘이 사라지게 되는 것이다.

2 지역학은 해외지역을 종합적으로 이해하는 학문이다.

지역학이란 해외지역에 관한 학문이다. 그동안 우리의 관심은 다른 나라와의 관계 즉, 외교, 안보, 통상, 투자 등 국제관계에 머물러왔다. 지역학은 여기서 한 걸음 더 나아가 현지 사정에 관한 관심을 가지고 다른 나라의 사회와 문화를 깊숙이 들여다보려는 시도이다. 손자병법은 상대방에 관하여 잘 알 것을 강조한다. 무정부적 상태의 속성을 지닌 국제관계에서 일방적인 협상을 할 수 있는 나라는 거의 없다. 따라서 상대국의 선호와 정체성을 파악하면 우호적이고 협력적인 관계를 만들어내는 데에 큰 도움이 될 것이다.

국제학이 국가와 국가 간의 관계를 연구하여 성공적인 외교, 통상, 투자를 하는 것을 목표로 한다면, 지역학은 국제협력의 전략이 상대국의 내부 사정에 정통한 전문지식에 의해 뒷받침되어야 한다고 본다. 현지 사정에 어두운 상태에서 타국과 협상하는 것은 실패할 확률이 높다. 많은 기업이 투자지역에 관한 심층적인 지식과 정보의 부족으로 현지화 전략에 실패하고 있다.

인도네시아에 진출한 한국기업이 이슬람의 문화와 관습에 무지하여 현지 근로자들과 갈등을 빚는 경우가 대표적인 사례이다. 이와 반대로 해외를 방문하는 대통령은 현지 연설에서 방문국의 국민이 알면서도 깨닫지 못했던 자신들의 역사적 혹은 문화적 업적을 언급하려고 고민한다. 이것은 현지 주민의 열광적인 환영을 이끌어내고 큰 외교적 성과를 얻을 수 있기 때문이다. 그러므로 국가와 국가를 당구공으로 비유한다면, 국제학은 당구공의 크기와 위치를 협상의 중요한 출발점으로 생각하고, 지역학은 당구공의 단단한 껍질 내부의 국내적 속성을 파악하여 협상에 활용하고자 하는 것이다.

지역학의 연구대상은 무엇인가? 가장 중요한 분석대상은 국가이다. 우리에게는 한반도를 둘러싸고 있는 동북아 국가인 일본, 중국, 미국, 러시아 등이 중요한 지역연구 대상이다. 물론, 국가가 지역학의 핵심적인 연구 단위이지만, 국제사회에는 국가 이외에 다양한 행위자들이 있다. 규모의 차원에서 국가보다 큰 지역이 연구대상이 될 수도 있다. 유럽, 발칸, 지중해, 동남아, 유라시아, 중동, 아프리카 등은 지역에 해당하는데, 서로 유사한 문화적 동질성을 공유하기 때문에, 하나의 지역연구 단위로 취급하여 연구한다.

국가보다 높은 수준의 행위자로는 초국가적 국가연합이 있으며, 지역학의 중요한 연구대상이 된다. 가장 대표적인 사례가 유럽연합(EU)이다. 이것은 유럽의 성공적인 지역화의 산물이다. 지역화란 삶의 공통성을 기반으로 블록을 형성하는 노력을 말한다. 오늘날 유럽의 지역통합 모델이 전 세계로 확산하는 신지역주의 현상이 일어나면서, 세계 각 지역에 다양한 규모의 국가연합이 생겨나고 있다. 북미에는 북미자유무역지대(NAFTA), 남미에는 남미공동시장(Mercosur), 동남아에는 아세안(ASEAN), 구소련지역에는 독립국가연합(CIS) 등이 있다.

이러한 초국가적 기구 이외에 국가를 뛰어넘는 탈 국가적 단위도 존재한다. 이슬람 문명권은 이슬람을 공유하는 국가들의 집합체로서 중동국가들과 파키스탄, 인도네시아 등을 포괄한다. 그런데 이슬람 문명권에는 이러한 국가들뿐만 아니라 프랑스 내의 무슬림까지 포함한다는 점에서 단순한 국가의 집합체가 아니라 국가를 뛰어넘는 유대가 존재하는 것이다. 이러한 탈 국가적 속성은 화교 경제권에서도 찾아볼 수 있다. 중국과 중국 주변의 대만, 싱가포르 등을 아우르고 있을 뿐만 아니라, 세계 각국에 산재하고 있는 차이나타운이 화교 경제권에 속하는 것이다.

국가보다 낮은 수준인 도시가 지역연구의 대상이 되기도 한다. 중국의 경우에는 인구와 영토의 규모가 거대하고, 지역 간 특성이 크게 다르므로 도시연구를 하는 것이 큰 의미가 있다. 또한, 하나의 도시를 연구하는 것보다 연구대상인 도시의 숫자를 늘려서 2개의 거대도시인 북경과 상하이를 비교하거나, 개혁개방으로 비약적인 발전을 이룬 연안 도시와 상대적으로 낙후된 내륙지역의 농촌을 비교함으로써 흥미로운 발견을 할 수 있는 것이다. 도시연구는 국가의 경계를 넘어서 진행할 수도 있다. 베이징, 서울, 도쿄를 비교 연구하는 탈 국경적 도시연구는 동북아 3국의 공통점과 차이점을 도시 수준의 시각에서 살펴보는 것이다.

지역학의 생성과 발전 과정을 살펴보면 과거에는 지역연구가 주로 인문학에서 이루어졌으나 점차 사회과학으로 확대되었다. 최초의 지역연구는 주로 여행기였다. 동방견문록은 이탈리아 베네치아의 상인 마르코 폴로가 1,300년경 중국 원나라 각지를 여행하고 관직에 오르는 등 17년을 살면서 보고 들은 것을 바탕으로 작성한 책이다. 그의 영향으로 중국의 국수가 이탈리아의 파스타로 탄생하였다. 열하일기는 조선말 박지원이 청나라에 사신으로 다녀와서 출판한 여행기이다. 그는 중국인은 집을 지을 때 벽돌을 이용하여 높은 건물도 쉽게 짓는다는 흥미로운 사실을 책에서 소개하고 있다.

이처럼 지역연구는 여행기, 지리지, 민속지 등 특정 지역의 언어와 풍속을 탐구하는 어문학적 연구에서 시작하여 오늘날 사회과학적 분석이 가미된 현대적 의미의 지역학으로 정립되었다. 그러므로 지역학이 다루는 주제는 언어, 문화, 종교 등 인문학적 현상뿐만 아니라 지리, 정치, 경제, 사회 등 사회과학적 현상이 포함된 종합적이고 학제적인 속성을 갖게 되었다. 다양한 분야의 지식을 종합적으로 활용해서 특정 지역을 이해한다는 점에서 지역학은 여러 학문 분야의 협동이 필요한 학제 간 연구의 전형이라고 할 수 있다.

지역학이 특정 지역에 대한 종합적 이해를 한다는 목표를 가지고 있는 만큼, 지역연구의 주제는 분과학문을 가로지르는 복합적인 특성이 있다. 예를 들어 문화, 종교, 젠더, 정체성, 이주, 환경 등은 정치, 경제, 사회, 역사, 철학 등과 같은 분과 학문적 요소를 결합한 복합적 주제이다. 중동지역 연구에서는 이슬람이 핵심 주제로 다루어진다. 왜냐하면 이슬람이라는 주제에는 중동인의 역사, 정치, 경제, 철학 등이 모두 녹아 들어가 있기 때문이다. 마찬가지로 유럽의 지역연구에서는 문화가 중요하게 다루어지는데, 유럽의 문화를 제대로 이해하기 위해서는 유럽의 역사, 문학, 정치, 경제 등을 두루 아는 것이 필요하기 때문이다.

3 지역학은 융합학문이다.

학문의 유형에는 분과학문과 융합학문이 있다. 융합학문은 분과학문이 통섭하여 생겨난 신학문이고, 분과학문은 오래된 근대성의 산물이다. 중세까지 인간은 세상을 종합적으로 이해했다. 중세의 전체론적 세계관에 의하면 세상은 마치 거대한 강물이고, 우리가 목격하는 조그만 현상은 강물에서 떠온 한 바가지의 물과 같아서, 전체 강물의 원리를 이해하지 못하고서는 한 바가지 물에 관하여 정확하게 설명할 수 없다는 것이다. 중세인들은 모든 현상이 작동하는 배후에는 절대자의 의지, 혹은 자연의 섭리가 있다고 보았으며, 미시적이고 구체적인 현상을 종합함으로써 궁극적으로는 절대자의 뜻을 찾을 수 있다고 보았다.

하지만 근대에 접어들면서, 과학적 인간은 자연 혹은 사회에서 발생하는 제반 현상과 자신을 구분하였다. 마치 콜럼버스가 신대륙을 발견하는 것처럼, 인간은 세상을 객체화하고 전지적 관점에서 바라보고 설명을 시도하였다. 객관적 자세를 취한 후 인간은 현상을 미시적으로 쪼개어 분석하였다. 거대하고 복잡한 강물을 설명하려는 무리한 시도를 하는 것이 아니라, 강물에서 떠온 한 바가지의 물을 정확하게 분석하는 데에 최선을 다하였다. 물론 바가지에 있는 물이 강물에 있던 물과 여러모로 존재 조건이 달라졌다는 한계는 인정한다.

이처럼 분과학문은 연구의 대상을 최대한 쪼개는 과정에서 생겨났다. 중세의 철학에서 정치학, 경제학, 사회학, 윤리학 등이 갈라져 나왔다. 사회과학이 사회철학에서 유래하였다면, 자연과학은 자연철학에서 파생되었다. 철학이라는 어머니 학문에 함께 속했던 학문이 점차 서로 다른 길을 걷게 되면서 근대학문이 발달한 것이다. 이것이 학문의 전문성을 높이는 길이라고 생각하였다. 사회현상을 쪼개어 설명하는 만큼 분과학문이 생겨나는 것이다.

현상을 미시적으로 분석하는 연구는 검증이 수월하고 인과관계를 정확하게 규명할 수 있다는 점에서는 긍정적이지만, 지나친 세분화는 학문의 본래 정신이라고 할 수 있는 종합적인 세계관의 함양을 저해한다는 평가를 받는다. 나무를 자세히 살펴볼 경우, 숲을 보지 못하는 것과 같다. 종합병원에는 내과, 외과, 안과, 이비인후과 등 많은 전공이 있지만, 병원의 명칭과 달리 환자를 종합적으로 볼 수 있는 전문의가 없다. 그리하여 질병의 원인이 전혀 다른 부위에 있는 환자는 협진을 통해 진단과 치료가 가능하다.

분과학문도 끊임없이 자기 분열을 하고 있다. 예를 들어 정치학 안에서도 선거 정당을 연구하는 학자는 정치철학이나 국제정치를 연구하면 외도라고 생각한다. 그런데 이러한 학문적 칸막이는 인간의 삶과 유리되어 있다. 인간의 삶은 종합적인 속성을 가지고 있다. 즉, 인간은 투표하는 정치적 생활, 쇼핑과 주식투자와 같은 경제적 생활, 영화를 보고 외식을 하는 문화적 생활을 두루 한다. 이처럼 우리의 삶은 총체적이고 종합적이지만, 칸막이처럼 나누어진 분과학문은 우리의 삶을 쪼개어 연구하고 있다. 따라서 대학에서 분과학문을 배우는 학생들은 우리 사회의 단편적 현상에 관한 전문지식을 획득하고 사회로 진출하는 것이다.

융합학문은 학문적 칸막이를 해체하려는 인식론적 반란이며, 지역학은 공간을 인식의 중심에 놓고 기존의 분과학문을 융합하려는 학문적 의지를 갖고 있다. 그러므로 지역학은 세분화와 미시화의 길을 걸어 온 근대학문을 개혁하려는 움직임이다. 오늘날 융합의 조류가 거세게 밀려들고 있다. 인문학, 사회과학, 자연과학이 활발하게 서로 소통하면서 다양한 학문영역이 생겨나고 있다. 예를 들어, 인문경영학, 의료윤리학, 전자 마케팅학 등 많은 신학문이 연계 전공, 융합 전공 등으로 생겨나고 있다. 심지어 융합 전공이 모인 단과대학 수준의 융합대학도 생겼다. 지역학은 이러한 학문처럼 학제적 융합을 통해 학문적 파편화를 극복하려는 창조적 개혁을 하고 있다.

4 지역학은 실용학문이다.

학문은 자신이 태어난 사회에서 유용하게 활용되어야 한다. 사회적 수요가 없는 학문은 외면을 받게 되고, 결국 위기에 처하게 된다. 오늘날 순수학문의 위기도 그러한 점에서 이해될 수 있다. 과거 교양이 중요한 덕목이었던 우리 사회에서 인문학은 숭상의 대상이었다. 그러나 오늘날 교양 못지않게 취업 교육이 중요해지면서 우리 사회에서 쓸모 있는 지식에 목마른 젊은이들이 늘어나고 있다. 인문학과 사회과학을 결합하여 탄생한 지역학은 교양과 전문성을 모두 갖춘 르네상스형 인재를 원하는 우리 사회의 수요를 충족시키는 학문이다.

지역학은 분과학문의 경계를 허물고 학문적 협동성을 확보함으로써 실용성을 높이고 있다. 즉, 인문학과 사회과학이라는 두 가지 학문영역을 결합하여 우리 사회에 기여할 수 있는 신 영역을 개척하는 것이다. 사실 학문의 실용화 노력은 오래전부터 자연과학과 사회과학 분야에서 진행되었으며, 지역학은 사회과학 분야에서 탄생한 실용적 신학문이다.

자연과학 분야에서 분과학문을 융합하여 생겨난 학문은 공학이다. 순수 자연과학에 해당하는 학문으로는 물리, 화학, 천문, 기상 등이 있다. 이러한 분과학문에서 생겨난 많은 이론적 발견을 자동차 제작에 활용하는 학문은 자동차공학, 선박 제작에 활용하는 학문은 조선공학, 컴퓨터와 스마트폰을 만드는 데에 활용하는 학문은 전자공학, 인공위성 제작에 활용하는 학문은 우주공학이다.

이와 동일한 방식으로 지역학은 해외 지역에 관한 지식을 생산하고 확산하기 위해 인문학의 언어, 문학, 역사, 철학을 활용하고, 사회과학의 정치, 경제, 사회 분야의 이론을 접목한다. 예를 들어 일본지역학은 일본정치, 일본경제, 일본사회 등을 연구함으로써 전통적인 분과학문에 해당하는 정치학, 경제학, 사회학의 칸막이를 뛰어넘고 있다.

학문은 사회 속에서 태어난다. 학문은 사회적 배경과 긴밀하게 연결되어 있으며, 사회적 환경은 학문을 낳아준 어머니와 같은 존재이다. 따라서 학문은 사회에 적용 가능해야 하고 이질적이지 않아야 한다. 반면에 사회적 수요가 없는 학문은 상아탑에서 홀로 고상한 고독을 즐기는 존재에 불과하다. 만일 학문이 자신이 태어난 사회에 지속적인 관심을 보이지 않고 변화하는 사회적 수요를 충족시키기 위해 부단한 노력을 기울이지 않는다면, 스스로 외면당하는 존재가 되어

버릴 것이다.

지역학은 어떻게 우리 사회에 기여하는가? 지역연구란 특정 지역의 고유한 언어와 문화에 대한 이해를 바탕으로 그 지역의 생활방식, 정치, 경제, 사회적 행위 패턴을 탐구하는 지적 작업이다. 그리하여 세계화 시대를 맞이하여 해외 사정에 밝은 지역전문가를 양성하는 것을 목표로 하며, 이를 위해 전통적인 분과학문에서 파편화된 연구결과를 종합하여 실용성을 극대화하는 것이다. 전 세계적으로 많은 지역전문가가 양성된다면, 서로 다른 지역 간의 상호이해가 증진되고 교류 협력의 수준도 높아질 것이다.

5 지역학은 특수성을 발견하는 학문이다.

사회과학은 보편성을 추구하고 지역학은 특수성을 추구한다, 그러므로 사회과학자는 일반이론을 추구하는 반면에, 지역학자는 특수한 지역 상황을 과도하게 일반화하는 것을 피한다. 예를 들어 사회과학 분야 중에서 경제학은 미국의 경제 상황을 분석하여 "성장이 고용증대를 가져온다"는 이론을 만들어낸다. 그리고 한국, 동남아, 유럽의 사례를 연구하여 미국 이외의 타 지역에서도 그러한 이론이 적용되는지 검증을 한다.

이 때 사회과학자들은 한 지역에서 만들어진 개념을 다른 지역에 대한 충분한 이해 없이 적용하는 경우가 많다. 왜냐하면 그들의 연구철학은 사람 사는 곳은 모두 비슷하다는 것이고, 미국 사회에서 나타나는 경제행위 패턴은 다른 사회에서도 유사하게 나타날 것이라고 전제하기 때문이다. 따라서 사회과학자들은 특정 지역에 적용되는 이론이 전 세계적으로 얼마나 많은 지역에서 적용 가능한지, 다시 말하자면 특정 지역에서 생성된 이론이 얼마나 보편적인 설명력을 가지는지를 밝히는 데에 관심의 초점을 두고 있다.

숲과 나무의 비유에 따르면, 숲을 보면 나무를 보지 못하고, 나무를 보면 숲을 보지 못하는데, 지역학은 일차적으로 나무를 자세하게 보아야 한다는 입장이다. 그리고 나서 여유가 된다면 숲의 속성을 보고 나무에 대한 이해를 더욱 넓힌다는 것이다. 이러한 연구철학은 세계 각 지역사회는 고유한 속성을 가지고 있다고 보고, 인류사회를 단일 개념으로 설명하는 것은 한계가 있다고 본다.

인류사회를 동질체로 보는 시각은 세계화를 통해 강화되었다. 하지만 9.11 테러 사건은 세계화가 환상에 불과하다는 것을 잘 말해주고 있다. 우리는 세계를 도시보다 작은 지구촌이라고 부르면서 마치 세계 인류가 서로 친근한 동네 사람 정도라고 생각해왔다. 그러나 사실 지구사회는 동질성이 강한 공동체가 아니라 천차만별의 문화와 이념과 제도가 혼재하고 있는 거대한 우주라고 해야 할 것이다. 세계화의 조류 때문에 마치 민주주의와 시장경제라는 서구적 가치체계를 전 세계 국가들이 수용하고, 인류는 단일 문명권에서 살아가는 것처럼 보였지만, 지구사회는 고유하고 토착적인 이념과 문화를 신봉하는 다양한 사람들이 서로 문명적 충돌과 교류를 하며 사는 다원적 국제사회라는 사실이 드러난 것이다.

서구사회의 이주민 위기도 이러한 주장을 뒷받침해주고 있다. 서구사회는 많은 이주민을 수용하였다. 서구사회가 이러한 포용 정신을 발휘할 수 있었던 것은 외국인 이주민들이 서구의 민주주의와 경제적 풍요로움을 추종하고 서구사회의 작동원리에 잘 적응할 것이라고 믿었기 때문이다. 하지만 이주민들은 서구의 우월한 문화와 제도에 동화되기보다는 자국의 문화와 종교를 유지하고 게토화하는 모습을 보인다. 특히 이주민 2-3세대는 서구사회에서 태어나거나 교육을 받았음에도 불구하고 현지인에 대한 테러를 감행하는 등 노골적인 반감을 드러내고 있다. 이주민 위기 사례는 동일한 사회 내에서도 모두가 똑같은 삶을 추구하는 것이 아니라는 사실을 말해준다. 과도한 일반화는 모든 인간을 동일한 인식 틀에 집어넣는 전체주의적 사고이므로 우리가 경계해야 할 발상이다.

사실 보편성과 특수성의 관계는 상호 대립적인 것이 아니라 보완적이다. 보편성은 특수한 개별현상 없이 존재할 수 없다. 왜냐하면 보편성이란 개별현상에서 공통으로 나타나는 특징을 말하기 때문이다. 그러므로 지역연구가 지향하는 특수성의 발견이 궁극적으로는 보편성의 발견에 기여하는 것이다. 인류의 보편적 삶의 원리가 특정 지역민의 구체적인 삶의 원리와 상치하는 것이 아니다. 물론 그렇다고 해서 반드시 일치하는 것도 아니다.

한국과 일본사회의 작동원리를 알면 중국사회를 이해할 수 있는 것은 아니다. 만일 한국사회를 알면 자동으로 중국사회를 알 수 있다면, 중국을 이해하기 위해 중국어를 배우고 중국의 역사와 문화 등을 배울 필요가 없을 것이다. 중국인들이 살아가는 방식은 한국이나 일본을 포함한 동아시아인에게서 공통으로 발견되는 보편적인 방식도 있겠지만, 차별적인 점도 많은 것이다. 지역전문가는 그러한 공통점과 차이점에 관심을 두고 찾아내려는 사람이다.

6 지역학과 지역연구의 차이

지역학은 지역연구에서 생겨났다. 처음에는 지역에 관한 연구가 이루어졌고, 그 이후 지역학으로 발전한 것이다. 지역연구란 학자가 아닌 일반인도 할 수 있다. 일반인 중에는 특정 지역에 관한 다양한 지식과 정보를 갖고 있고, 오랜 체류와 방문 경험을 바탕으로 관심 지역의 책을 쓰는 지역전문가들이 있다. 또한 지역연구는 분과학문 내에서도 이루어진다. 사회과학 중에서 가장 지역연구가 활발한 분야는 문화인류학과 정치학이다. 정치학 내에서는 러시아 연구, 유럽 연구, 중국 연구 등을 하는 지역전문가가 있다. 이들은 주로 정치학에서 만들어진 이론을 가지고 관심지역을 설명하는 데에 활용하거나 역으로 관심지역의 사례를 가지고 정치학 이론을 검증함으로써 이론의 정교화에 기여하고 있다.

이러한 지역연구를 통해 많은 결과물이 축적되면, 그 성과들이 교육 분야에서 지식확산에 사용하게 된다. 그리하여 학부와 대학원에 전공 개설이 이루어지는데, 대부분의 사회과학 분야는 약 100년 전에 대학에서 전공 개설이 되었고, 행정학, 언론학 등의 경우에는 2차 대전 이후에 생겨났다. 지역학의 경우 한국 대학에서 일본학과, 중국학과, 러시아학과, 유럽학과 등 지역학과들이 설치된 것은 1990년대라고 할 수 있다.

지역연구가 지역학으로 정립하는 과정을 보면, 먼저 지역에 관심을 가진 많은 연구자가 생기고, 상당한 지역연구 결과물이 축적되고, 궁극적으로 그동안 생산된 지역에 관한 지식을 전달하여 지역전문가를 양성하는 교육체계가 마련되는 것이다. 즉, 지역에 관한 연구자, 이론, 교육이 필요조건인 것이다. 지역학으로 정립하기 위한 조건을 하나 더 추가한다면 지역연구 방법론의 정립이다.

어떠한 학문이든 하나의 독립적인 학문 분야로 정립하려면 독자적인 정체성을 가지고 있어야 한다. 즉, '학'이 되려면 독자적인 연구대상과 방법을 가지고 있어야 하고, 그렇지 않으면 '연구' 수준에 머무르는 것이다.

고대 그리스에서는 철학이 유일한 학문이었다. 철학은 인간 삶에 관한 모든 연구를 포괄하였다. 근대에 와서야 철학으로부터 정치학, 경제학, 사회학 등 많은 새로운 학문이 생겨났다. 그 이전까지만 해도 정치학은 철학이라는 학문 속에서 정치철학이라는 연구 분야에 불과하였다.

오늘날 철학에서 독립한 분과학문은 자신들의 고유한 이론을 생산하는 데 유용한 연구 방법을 가지고 있다. 물론 분과학문들이 모두 서로 차별적인 연구 방법을 가지고 있는 것은 아니고, 서로 공유하는 경우가 많다. 그렇지만, 학문별로 즐겨 사용하는 연구 방법이 있기 때문에 서로 다른 연구 방법을 가지고 있는 것처럼 보이는 것이다.

그런데 많은 분과학문에서 지역연구를 하고 있다. 예를 들어 경제학에서도 중국 연구를 하고 있고, 지역학에서도 중국 연구를 하고 있다. 두 연구의 차이는 경제학적인 관점에 국한하여 중국을 연구하느냐 아니면 보다 학제적이고 종합적인 관점에서 연구하느냐의 차이다. 그러므로 경제학에서는 중국경제연구라고 부르고, 지역학에서는 중국지역연구라고 부른다.

| 토론꺼리 |

① 지역학과 지리학의 차이는 무엇인가?
② 지역연구의 대상으로서 국가보다 더 큰 공간은 무엇인가?
③ 지역학과 국제학의 차이는 무엇인가?
④ 지역학은 어떠한 학문을 융합하는가?
⑤ 분과학문의 칸막이 현상이란 무엇인가?
⑥ 지역학은 왜 실용학문인가?
⑦ 특수성과 보편성은 어떠한 관계에 있는가?
⑧ 지역학이 특수성을 추구한다는 것은 무슨 뜻인가?
⑨ 지역연구와 지역학의 차이는 무엇인가?
⑩ 학문으로 정립할 수 있는 필요조건은 무엇인가?

제2절
지역학의 역사

1 초기 지역학은 정복학이다.

 지역학은 제국의 지리적 확장과 밀접한 관련이 있다. 제국의 건설은 무력에만 의존해서 이루어질 수는 없고, 정복한 영토에 사는 이민족을 제국의 신민으로 동화하기 위해 그들의 종교, 풍습, 문화 등을 이해하고 수용해야 한다. 그러므로, 군사력으로 정복한 이후에는 관용과 포용이 필요하며, 이러한 이유로 제국은 다종교, 다문화 국가이다. 로마제국은 다신교 국가였다. 정복한 지역에서 숭상되는 신들을 모두 용인하였고, 로마 황제에게는 최고신의 지위를 부여하였다. 황제는 신 중의 신으로서 피정복민족을 통치하였다. 그러므로 기독교가 유일신을 내세우며 제국 내에서 세력을 떨치며 전파되는 것을 용인하기 어려웠다. 로마 제국의 통치체계와 양립될 수 없었기 때문이다.
 무엇보다도 제국이 성공적으로 유지되기 위해서는 제국의 중심부에 있는 과학기술 등이 제국의 주변부로 전파되어 선진문물의 혜택을 주어야 하고, 또한 주변부 지역의 정보가 중심부로 전달되는 상호

교류 작용이 활발하게 이루어져야 한다. 이렇게 해야 제국의 중심부과 주변부를 연결하는 인식구조가 동심원적인 권력 구조를 만들어내게 된다. 주변부는 중심부의 높은 문명을 배우는 이득을 얻고, 중심부는 주변부의 사정을 세세히 파악하여 통치를 고착화할 수 있게 된다.

타인을 복속시키는 힘에는 일반적으로 권력과 자본이 있다. 그런데 지식과 정보도 타인을 복속시키는 힘을 가지고 있다. 이탈리아의 사회주의 혁명가인 그람시는 지식이 권력을 창출하고 정당화해주는 역할을 한다고 주장하면서, 그러한 지식의 힘을 헤게모니라고 불렀다. 정치권력이 강제적인 힘이고, 경제 권력이 거래의 힘이라면, 헤게모니는 지식 권력으로서 대중들이 지배체제에 자발적인 복종을 하도록 만드는 세뇌의 힘이다. 이러한 패권구축 차원에서 제국은 지식과 정보를 생산하고 때에 따라 조작과정을 거친 후 확산함으로써 통치 구조를 확립하는 것이다.

헤게모니의 개념에 따르면 권력은 지식으로부터 나오며 지식을 통해 유지된다. 즉, 지식의 확장이 권력 공간의 확장을 가져오는 것이다. 역사 속의 제국 중에는 지식의 힘을 사용하지 않고, 주로 물리력에 의존하여 이민족을 정복하고 지배한 경우도 있다. 몽골이나 스페인 제국이 이러한 사례에 해당한다. 몽골제국은 이민족이 저항하는 경우에는 가차 없이 초토화하고, 항복하는 경우에는 포용하고 동화하는 전쟁술로 인류 역사상 가장 넓은 땅을 정복하였지만, 이민족에 관한 연구를 통해 헤게모니를 확립하는 데에는 게을리 하였다. 그 결과 거대제국이 흥망 하는 데에 불과 150년밖에 걸리지 않았다. 신대륙을 최초로 발견한 스페인 제국은 잉카제국과 아즈텍제국을 정복하고 약탈한 전리품을 녹여 금은을 추출하여 이탈리아제 고급 사치품을 구입하는 데에 급급하였다.

이러한 사례들과 달리 역사적으로 제국을 건설한 위대한 정복자들은 대체로 지식을 숭상하였다. 마케도니아의 알렉산더 대왕은 남쪽의 그리스를 정복한 후 그리스의 문명에 감복하였고, 아리스토텔레스를 스승으로 삼았다. 그리고 중동과 인도 등지를 정복하면서 그리스 문명을 전파하여 이민족을 감화시켰다. 정복지역 여러 곳에 건설한 알렉산드리아라는 이름의 도시에는 대규모의 도서관이 건설되었다. 그 결과 이민족들이 그리스의 언어를 배우고 문화를 수용하는 헬레니즘이 생겨났다. 헬라스는 그리스를 말한다. 헬레니즘이란 그리스주의라는 의미로서 이민족들이 자발적으로 그리스식의 인식과 생활방식을 받아들임으로써 현지 문화와 융합되어 나타난 현상을 말하는 것이다. 이처럼 알렉산더 대왕은 자신이 정복한 그리스의 문명을 여타 지역의 정복에 활용한 탁월한 지역전문가이다.

나폴레옹 또한 이집트 원정을 하면서 정복지의 문화에 많은 관심을 가졌다. 루브르 박물관에 소장된 수많은 이집트 유물들 그리고 이집트 로제타 지역에서 가져온 비석 등을 보면 프랑스의 해외 정복이 단순히 군사적인 관점에서만 설명될 수 없으며, 프랑스는 식민지 정복과정에서 현지 사정에 관한 지식의 수집과 분석에 큰 노력을 기울였다는 것을 알 수 있다. 알렉산더와 나폴레옹은 정복자이면서도 역사적 위인으로 인정을 받고 있다. 그들은 정복당한 민족들로부터 저항도 받았지만, 해방자 혹은 계몽자의 이미지를 얻어내는 데에 성공하였다.

대학교육 과정으로서 지역학이 최초로 생겨난 나라는 영국이다. 영국은 1916년에 아시아.아프리카대학(School of Oriental and African Studies)을 런던에 설립하여, 식민지로 파견되는 관리들을 위해 현지에 관한 사전교육을 했다. SOAS라고 불리는 이 대학은 오늘날 영국

최고의 지역학 중점대학이다. 이처럼 유럽의 지역연구는 제국주의 식민정책과 함께 시작되었다. SOAS는 아프리카, 중앙아시아, 한중일, 동남아시아 등을 전문적으로 연구하고 교육하는 수많은 지역연구센터를 가지고 있는데, 유럽의 연구센터는 우리의 개념으로 말하자면 연구소와 학과의 기능을 동시에 가진 기관이다.

미국의 지역학은 2차 대전을 수행하고 그 이후 냉전 시대 소련과의 패권경쟁을 하는 과정에서 생겨났다. 무엇보다도 태평양전쟁은 미국이 동아시아 지역에 대한 관심을 가지고 체계적인 연구를 하게 되는 계기가 되었다. 미국은 일본과 전쟁을 하면서 매우 독특한 전쟁문화에 직면하였다. 일본군은 항복하는 법이 없고, 포로가 될 처지가 되면 자살을 하였고, 부득이하게 포로가 되더라도 적에게 유리한 정보를 제공하는 법이 없었다. 따라서 미 국방부는 일본인의 문화와 의식구조를 이해해야 전쟁에 이길 수 있다고 보고, 학계에 일본 연구를 의뢰하였고, 그 당시 일본지역 전문가가 부재한 상황에서 남미 지역 전문가인 베네딕트가 일본 연구에 참여하게 되었다.

그는 남미 민속에 관한 자신의 연구경험과 방법론을 활용하여 방대한 자료조사와 인터뷰를 통해 일본의 독특한 역사, 철학, 문화적 경험이 그들의 전쟁 수행방식에 그대로 반영되고 있다는 점을 발견하고 미군의 성공적인 대일전쟁을 위한 가이드라인을 제공해주었다. 이러한 보고서를 바탕으로 출판된 "국화와 칼"은 오늘날까지 일본의 사회와 문화에 관한 이해를 돕는 탁월한 책이다. 베네딕트가 발견한 일본인의 정서는 "체면과 대의명분을 중시한다" "이익보다 의리를 중시한다" "남에게 폐를 끼치는 것을 싫어한다" 등 서양인들과는 반대되는 것이었다. 베네딕트의 일본 연구 결과보고서는 미 국방부에게 일본군은 사령관이 항복하면 부하들은 무조건 항복하여 의리를 지키고, 일본군 포로들은 심문에 응하지 않으면 동료에게 폐를 끼치게 되는 상황이 되면 실토한다는 등의 사실을 대일전쟁에 활용할 것을 권고하였다. 태평양전쟁에서 미국은 일본지역연구를 활용하여 싸운 것이다.

  2차 대전이 끝나고 냉전이 시작되면서 미국 지역연구의 초점은 소련 공산권으로 옮겨졌다. 독일의 전체주의와 소련의 공산주의를 피해 미국으로 망명한 많은 유대인 학자들이 자신의 출신지에 관한 연구를 주도하였다. 그리하여 컬럼비아 대학과 하버드 대학에 러시아 연구센터가 설립되었다. 독일에서 망명한 키신저는 유럽외교정책을 연구하였고, 체코에서 망명한 올브라이트는 동유럽과 소련에 관한 연구로 이름을 날렸다. 두사람 모두 미국 국무장관을 역임하였다.

  한국전쟁과 베트남전쟁은 미국에서 동아시아 연구를 활성화했다. 미국정부는 한국전쟁 기간에 국방예산을 GDP 대비 13.2%를 사용하였고, 베트남 전쟁 기간에는 9.5%를 사용하였다. 대다수가 군사비로 지출하였지만, 이와 함께 해당 지역의 연구에도 많은 지출이 이루어졌다. 중국과 동남아 지역이 연쇄적으로 공산화되는 도미노 현상이 일어나면서 지역연구를 위한 미국의 국가 예산을 중앙 관리하던 세계지역연구위원회(Committee on World Area Research)는 소련, 중국, 동남아 등 공산권 지역의 연구를 집중지원 하였다.

  냉전이 종식되면서 미국의 공산권 연구는 크게 줄어들었고, 9.11 테러 사건이 터지면서 중동 연구가 미국의 새로운 관심 분야가 되었다. 탈냉전 시대 미국은 이라크, 리비아, 아프가니스탄, 시리아 등 중동에서 계속 전쟁을 수행하였다. 이라크와 아프가니스탄에서는 20년 동안 전쟁하면서 1.6조 달러를 지출하였다. 오늘날 무슬림의 테러 위협이 약해지고 중국이 미국의 패권에 도전하는 세력으로 부상하면서,

이제 미국은 중동에서 중국으로 관심을 돌리고 있다. 향후 적어도 20년간 미국의 전략지역은 중국이 될 것으로 보인다.

일본은 1970년대 이후 비약적인 경제발전을 하게 되면서, 적극적인 국제 활동을 벌이게 되고, 이를 뒷받침하는 차원에서 지역연구가 활발해졌다. 1990년대에 접어들어 세계 최고 수준의 개발원조 공여국으로 부상하면서 관련 업무와 국제교류를 담당할 인력을 양성하는 차원에서 지역연구가 더욱 활성화되었다. 최근의 일본 지역연구는 대학과 연구소 그리고 시민사회에서 많이 이루어지고 있다. 일본 정부는 지역연구에 대한 지원에 선택과 집중의 원칙을 적용하여 특성화 대학을 육성하고 있다. 대표적으로 삿포로에 소재한 홋카이도 대학교는 국가로부터 대규모의 예산을 지원받아 슬라브 연구센터를 설립하였다. 홋카이도는 일본 영토에서 러시아와 가장 인접한 곳이며, 북방영토 분쟁이 있는 지역이다.

2 한국의 지역학은 선진화 학문이다.

한국 사회가 해외지역에 연구 관심을 두기 시작한 것은 비교적 최근의 일이다. 그리고 그것은 한국사회의 경제력이 크게 성장한 것과 무관하지 않다. 한국의 지역연구는 1990년대 초 김영삼 정부가 세계화를 국가적인 정책목표로 내세우면서 급성장하였다. 그 당시 세계화 구호가 정치적으로 매력을 갖게 된 것은 해외시장 개척이라는 경제적 활로 모색과 맞아떨어졌기 때문이다. 1990년대에 사회주의권이 붕괴하는 등 세계 질서가 구조적으로 변화하고, 우리의 국제 교역과 협력이 대립적 진영이라는 장애물 없이 전 지구적으로 가능해지면서, 한국은 교역 대상국을 크게 확대할 수 있는 계기를 맞이하게 된 것이다.

그 결과 우리의 해외시장 진출이 다변화되면서 개방적인 세계화 정책이 필요하였고, 이러한 정책을 뒷받침하기 위하여 해외 각 지역에 관한 지식과 정보를 확보한다는 차원에서 지역연구가 활성화되었다. 그 당시 교육부는 지역연구 지원정책을 대대적으로 추진하였는데, 크게 국제화와 지역화라는 두 가지 방향을 지향하였다. 즉, 초기에는 국제무대에서 활동할 수 있는 영어 구사가 가능한 전문가를 양성하겠다는 목표를 세웠다가 나중에는 해외 사정에 밝은 지역전문가 양성을 추가 목표로 내세웠다. 그리하여 대학에서도 국제학과 지역학은 서로 뚜렷한 구분 없이 혼재하며 연구하고 교육하였다. 이러한 점에서 지역학이 독자적인 자기 영역을 구축하기 위해서는 국제학과 구별되는 고유한 학문적 정체성을 확립할 필요가 있다.

오늘날 한국이 집중적으로 관심을 가져야 할 지역은 동남아, 유럽, 유라시아 등이다. 물론 전 세계 모든 지역이 우리에게 중요하지만, 특히 이 지역에서 한국이 나름대로 경쟁력을 가지고 있기 때문이다. 그러므로 지역연구는 우리나라가 이들 지역 국가들과의 교역과 투자를 늘리고 외교적으로 협력할 수 있도록 필요한 지식과 정보를 제공해야 한다. 이렇게 함으로써, 한국의 지역연구는 그동안 미국, 일본, 중국 등에 치중하였던 우리의 국제 협력이 더욱 다변화될 수 있도록 뒷받침하는 역할을 하게 될 것이다.

유럽에서 지역학은 미국을 별로 다루지 않는다. 그리고 미국의 지역학에서도 유럽은 크게 중요하지 않다. 왜냐하면, 그들에게 중요한 국가에 관한 연구는 정치학, 경제학, 사회학 등 전통적인 학문분과에서 충분히 다루고 있기 때문이다. 이것은 한국의 경우에도 유사하게 적용된다. 사회과학 분야에는 미국에서 박사학위를 취득한 수많은 연구자가 존재하고 있다. 따라서 지역학은 전통적 학문분과에서 소홀히 하는 연구영역에 관심을 두고 학술적으로 기여할 필요가 있는 것이다.

그런데도 실용적인 관점에서 보면, 주변국 연구가 국가이익에 가장 큰 도움이 되는 영역이다. 일반적으로 어느 나라든 주변국과 가장 많은 교역과 투자를 한다. 그리고 안보 협력과 갈등이 대부분 주변국과의 관계에서 비롯된다. 그러므로 우리에게는 중국 연구와 일본 연구가 무엇보다 중요하다고 하겠다. 따라서 분과학문에서의 연구에 더해 지역학에서도 주변국 연구에 어떠한 기여를 할 것인지 고민할 필요가 있다.

지역연구는 언어훈련과 현지 조사를 중시하기 때문에 돈이 많이 드는 학문이다. 지역전문가란 최소한 그 지역의 언어로 의사소통을 할 수 있어야 하며, 1년 이상의 현지 조사 경험을 가진 사람이다. 이러한 지역전문가를 양성하는 일은 재정적으로 만만치 않은 과제이다. 하지만, 이러한 과제는 우리가 점차 세계무대에 진출하면 할수록 피할 수 없는 것이다. 따라서 지역연구에 대한 정부, 기업, 대학의 전방위적인 재정적 지원이 뒷받침되어야 한다. 서구에서는 지역학이 있다는 것은 학문적, 재정적 기반이 튼튼한 유수 대학이라는 징표이다. 그리고, 지역학은 여성학이나 국제학과 같은 신생 융합학문이므로, 이른 시일 내에 독자적인 연구영역을 갖춘 학문으로 뿌리를 내릴 수 있도록 필요한 이론개발과 현지 조사를 열심히 해야 할 것이다.

지역연구의 참 목적은 타자에 대한 이해이다. 하지만, 해외 사정에 대한 조사정보를 가지고 상대방을 종속시키거나 이기기 위한 목적으로 사용된 사례가 역사적으로 적지 않다. 지역학이 제국주의적 침략 혹은 전쟁을 위한 수단으로 전락한 경우가 많은 것이다. 남의 삶을 이해하기보다는 나의 이익을 위해 남의 삶을 연구하고 이용한 것이다. 과거 유럽인들은 지리적 발견을 통해 조우하게 된 아메리카와 아시아 등의 원주민들을 '야만' 혹은 '신비'의 대상으로 보았다.

영국과 프랑스는 정복지 사회의 신비한 문화 현상을 연구하여 식민지 경영에 활용하였다. 스페인은 현지 문화를 야만으로 인식하고 정복지의 문명을 말살하고 원주민을 살육하는 등 수탈 관계를 정립하였다. 그리고 광활한 개척지에 부족한 노동인구를 메우기 위하여 신대륙과 전혀 무관한 아프리카에서 흑인을 노예로 강제 이주시켰다. 이러한 역사적 유산 때문에 중남미에서는 아직도 많은 나라가 국민국가로 자리 잡지 못하고 정치적 혼란이 일상화되고 있다. 가장 대표적으로 볼리비아는 2019년에 쿠데타가 발생했는데, 이것은 1950년 이후 이 나라에서 일어난 23번째 쿠데타이다.

제국주의 시대의 지역학이 지리적 확장과 수탈에 기여했다는 비판을 받고 반성을 거듭한 후 오늘날에는 점차 긍정적인 방향으로 전환하고 있다. 그리하여 국제 교역과 투자 증진에 기여하고, 더 나아가 세계문화유산을 발굴 및 보존하고, 빈곤퇴치와 인권 옹호를 위해 활용되고 있다. 이처럼 오늘날에는 지역학이 타문화의 독자성을 인정하고 이해하는 데에 도움을 주고 있다.

이러한 변화를 교훈으로 삼아 한국의 지역학은 과거 서구 지역학의 잘못을 되풀이하지 않아야 할 것이다. 하지만 한국 사회에서 지역연구가 활성화되고 있는 배경에는 세계화 시대를 맞이하여 국익을 극대화할 필요가 있다는 물질적 동기가 있다. 이러한 이유에서 우리에게 간혹 공격적인 후발 자본주의적 태도가 발견되고 있다. 우리 기업의 해외 진출과 정부의 대외원조가 국익 극대화에 몰두하게 되면, 지역학은 그러한 비즈니스와 대외정책의 실행에는 도움이 되겠지만 성찰적이고 타자와 소통하는 관계 설정에는 이바지하지 못하게 될 것이다. 그러한 몰역사적 태도는 과거 제국주의자들이 식민지의 원활한 경영을 위해 지역학을 활용했던 자세의 모방이 되지 않을까 우려된다. 아픈 식민지 경험을 가진 한국이 제국적 방법으로 타자에게 접근한다면, 그것은 호된 시집살이를 한 며느리가 악독한 시어머니가 되는 것과 진배없다.

지역연구는 색다른 언어, 역사, 철학, 문화 등을 접하면서 참신한 인문학적 향기를 느끼고 타자를 상대주의적 관점에서 수평적으로 바라보고 이해하는 기회를 제공한다. 지역학에서는 타자에 대한 동반자적 인식과 시각을 가지고 접근하는 자세가 필요하며, 교역과 투자에 대해서는 서로 조화롭고 호혜적인 협력의 길을 모색하는 정신을 가져야 할 것이다.

사실 해외에 진출하는 기업의 성패는 대부분 현지화의 성공 여부에 의해 좌우되고 있다. 다국적 기업들이 종종 현지 문화에 대한 이해와 배려 없이 자문화 중심적 경영을 하고 타문화를 배타적으로 바라보는 잘못을 저지르고 있다. 대표적인 사례로서 한국에 진출하였던 프랑스의 까르푸는 대형마트에 와서도 소량으로 상품을 구매하는 한국인의 소비성향을 무시하고 대용량 상품만을 저렴하게 판매하는 전략을 고집하였다가 경영에 실패하고 철수하였다.

3 탈 세계화 경향으로 인해 지역학이 중요해지고 있다.

오늘날 국제 질서는 탈 세계화 경향을 보인다. 그리하여 국제협력이 지역 수준에서 강화되고 있다. 이러한 변화를 입증하는 근거는 아래와 같다. 첫째, 무엇보다도 주기적으로 발생하는 국제경제 위기로 인하여 세계화에 대한 부정적인 인식이 커지고 있다. 세계 각국의 경제가 매우 긴밀하게 서로 연계되기 때문에 특정 국가에서 발생한 경제 위기는 쉽게 다른 나라로 파급된다. 1997년 한국의 IMF 위기는 동남아 지역에서 발생한 금융위기에 의해 촉발되었다. 그 당시 서구의 투자자들이 동남아 지역 경제 전망에 큰 우려를 하게 되면서, 동남아뿐만 아니라 아시아 전 지역에서 대규모로 단기 채권을 회수하여 한국에서도 외환 고갈 현상이 발생한 것이다. 2008년 유럽 금융위기의 배경을 보면 서브프라임 모기지론 사태로 회계부실을 겪게 된 미국 금융권이 해외채권 회수를 시도함으로써, 유럽이 큰 타격을 입게 된 것이다.

이러한 일련의 사태를 겪은 후에도 아직 많은 나라가 세계화가 가져다주는 이익을 인정하지만, 전 지구적으로 강화되고 있는 상호의존성이 국가의 운명에 치명적인 위협을 줄 수 있다는 인식이 커지고 있다. 따라서 세계화에 대한 기대감은 감소하고, 경계심은 늘어나는 상황에서 세계 각국은 지역협력을 통해 세계화의 부정적인 파급효과를 막으려는 태도를 취하고 있다.

둘째, 신지역주의로 인해 세계 각지에서 지역통합이 일어나고 있다. 유럽의 성공적인 지역통합 경험이 타지역으로 확산하면서, 동남아에 ASEAN, 북미에 NAFTA, 남미에 Mercosur, 유라시아에 EEU가 생겨났다. 물론 이러한 세계적인 조류와 달리 한·중·일이 있는 동북아 지역에는 지역통합이 상대적으로 미진한 편이다. 한국과 중국 간에는 가장 낮은 단계의 경제협력에 해당하는 FTA가 체결되었지만, 한국과 일본 그리고 일본과 중국 간에는 이마저도 없다. 한·중·일 3국 공동 FTA 협상이 수십 년 전부터 추진되었지만, 과거사 등 상호이해와 화해 정신의 부족으로 제자리걸음을 하는 중이다.

셋째, 지역이 국제정치의 행위자로 등장하고 있다. 국제정치에서 가장 중요한 행위자 역할을 하였던 주권국가에 더하여 지역 기구가 새로운 국제 행위자로 부상하고 있다. 예를 들어 유럽연합은 회원국 전체를 대표하여 교역 협상을 하고 있을 뿐만 아니라, 독일, 프랑스, 영국 등 유럽 주요국과 함께 G7 회의, G20 회의, 핵안보정상회의 등에 참석하고 있으며, 이러한 선례에 따라 향후 많은 지역 기구들이 중요한 국제적인 결정 과정에 참여할 것으로 예상된다.

이러한 시대적 변화에 따라 국제문제를 지역 차원에서 해결하려는 경향이 늘어나고 있다. 오늘날 지역주의가 세계화의 부정적 파급효과에 대응할 수 있는 수단으로 부상하고 있다. 다자 지역화 시대를 맞이하여 지역 수준의 중범위적 국제협력에 대한 관심이 높아지고 있다. 문제해결의 효과성이라는 관점에서 볼 때 국제 평화와 안보 등의 문제를 해결할 때, 해당 사안에 관한 관심이 있고 이익이 걸린 주변국들이 이해 당사자 입장에서 나서는 것이 가장 바람직하다. 문제해결에 국제사회가 모두 나서는 것이 효과적으로 보이지만, 실제로는 직접적인 이해관계가 있는 국가들이 관여하는 지역적 접근이 더 큰 강점을 보인다.

국제문제를 전 지구적 차원에서 해결하는 것은 민주적이기는 하지만 현실적으로 어려운 실정이다. 전 세계 모든 국가가 함께 모여 논의하는 것은 시간이 오래 걸리고 합의에 도달하는 데에도 어려움이 있으며, 반대로 개별 국가 차원에서 국제문제를 해결하는 것도 한계가 있다. 일국의 문제해결 역량에는 한계가 있고, 일방주의라는 비판에 직면할 수 있기 때문이다. 즉, 개별국가에 의한 국제분쟁의 해결은 역량의 부족과 해결방식의 정당성 결핍이라는 문제를 야기하기 때문에 바람직한 방법이 아닌 것이다. 이러한 이유에서 중 범위 수준인 지역 차원의 해결이 새로운 대안으로 부상하고 있다. 이러한 해결 방식은 참여자의 적절한 크기로 인하여 매우 효율적이며, 지역 문제에 익숙하고 이해관계가 직결된 당사국들이 직접 문제를 해결하기 때문에 매우 효과적이라는 것이다. 특히 유사한 정체성으로 인하여 공감대 형성이 수월하고 운명공동체라는 인식이 문제를 효과적으로 해결할 수 있다는 것이다.

　이러한 배경에서 최근 "세계화 시대의 지역학"에 관한 논의가 시작되고 있다. 이것은 지역학과 세계화를 연결하려는 시도이다. 오늘날 우리에게 세계화는 피할 수 없는 조류이다. 하지만 세계화의 긍정적인 영향을 극대화하고 부정적인 영향은 최소화해야 하는 도전에 직면하고 있다. 그러므로 그동안 지역학이 개별국가나 지역의 내부사정을 연구대상으로 삼았던 차원에서 벗어나서 세계화의 도전에 대한 국가와 지역의 바람직한 대응으로 확대된 연구를 하여야 할 것이다. 이렇게 한다면 지역학은 세계화 시대에 더욱 유용성을 발휘하는 학문이 될 것이다.

| 토론꺼리 |

① 헤게모니란 무엇에 기반한 힘인가요? 지역학과 어떠한 관계에 있나?
② 제국은 지역학을 어떠한 수단으로 활용하였나?
③ 헬레니즘이란 무엇인가?
④ 태평양전쟁에서 미국은 일본과의 전쟁을 위해 지역연구를 어떻게 활용하였나?
⑤ 미국 지역연구의 역사를 설명하세요.
⑥ 한국에서 지역연구의 출발 배경은 무엇인가?
⑦ 우리에게 중요한 연구지역은 어디인가?
⑧ 지역학의 바람직한 방향은 무엇인가?
⑨ 탈세계화 경향을 지역화 현상으로 설명하세요.

제3절

한국의 지역연구 현황

1 지역연구는 관심 대상국의 위상에 의해 영향을 받는다.

모든 학문적 연구는 부침을 겪기 마련이지만, 지역연구는 그 실용적 성격 때문에 더 큰 역동적인 변화를 겪는다. 마치 스마트폰의 제품개발 속도가 엄청나게 빠르기 때문에, 끊임없이 신형 제품에 대한 지식과 기술을 익혀야 하는 것처럼, 지역학의 경우에도 연구대상 국가가 발전하거나 한국과의 관계가 변하게 되면, 그에 상응하는 신 연구를 해야 한다. 이러한 이유로 지역 연구자는 시대의 변화에 크게 영향을 받지 않고 셰익스피어 작품을 연구하는 문학자나 플라톤 철학을 연구하는 철학자와는 다른 학문적 사명을 가진다.

지역학의 연구대상은 고정된 것이 아니라 움직이는 표적과 같아서 지역연구자는 자신의 전공지역에 대한 끊임없는 관심과 호기심을 가지고 늘 현지의 최근 사정에 정통해야 한다. 이를 위해서는 해당 국가의 뉴스를 자주 듣고, 현지에서 제작된 영화 그리고 문학 및 예술 작품 등을 즐기는 것이 중요하다. 이러한 학습 자세는 자신이 취득한 현지어 능력을 즐겁고 삶과 밀착된 방식으로 향상하는 데에 도움이 된다. 그리고 자신의 관심 국가와 한국과의 관계 변화에 관한 풍부한 지식과 정보를 갖게 되면, 양국 간의 관계발전을 위한 정책 제안을 하는 데에 도움이 된다. 모든 국가 관계에는 촉진요인과 장애 요인이 있으며, 정책제언은 촉진요인을 활성화하고 장애 요인을 제거하는 방안을 제시하는 방식으로 이루어진다.

지역연구에서는 국가에 따라 중요하게 다루어지는 주제가 다르게 나타난다. 연구주제는 학문의 정체성을 파악하는 데에 중요한 역할을 한다. 연구대상 지역별로 다루어지고 있는 주제들을 살펴보면, 어떠한 이슈가 큰 관심을 받고 있으며, 또한 어떠한 주제가 별다른 관심을 받지 못하고 있는지를 잘 알 수 있다. 예를 들어, 일본지역연구에서는 정치 이슈에 관한 연구가 많으며, 정상 국가, 과거사, 도서 분쟁 등에 관해 많은 연구를 한다. 이에 비해, 중국의 경우에는 경제 이슈에 관한 연구가 다수이며, 고도성장의 지속성과 한계에 관심의 초점이 맞추어져 있다. 유럽지역연구에서는 지역통합의 모델적 성격과 성공 가능성에 관한 이슈가 중요하게 다루어지고 있다.

지역학에서는 모든 나라가 중요한 연구대상이지만, 아무래도 지리적으로 가까운 나라가 실용적 가치가 크기 때문에 상대적으로 더 중요할 수밖에 없다. 어느 나라건 교류와 협력 그리고 통상과 투자에서 이웃 나라의 비중이 크기 때문이다. 또한, 갈등과 대립도 지리적으로 인접할수록 발생 빈도가 높기 마련이다. 그런데, 20세기에 접어들어 오랜 기간 우리에게 동아시아라는 공간개념이 없었다. 중국은 반공 이념 때문에 금기의 영역이었고, 일본은 식민의 기억 때문에 기피의 영역이었다. 그리고 분단 때문에 유라시아 대륙으로 통하는 길목이 차단되었다. 탈냉전과 세계화의 시대에 접어들면서 비로소 한·중·일 교류 협력을 목표로 하는 동아시아 담론이 활발해지고 지역에 대한 관심도 생겨났다. 동아시아가 우리에게 가까운 이웃으로 다가오기 시작한 것이다. 그리하여, 지난 10년간의 연구 성과를 보면 다른 지역에 비해 일본과 중국 연구가 양적으로 많이 증가하였다.

지역연구의 유형에는 순수지역연구, 비교연구, 관계연구가 있다. 순수지역연구는 하나의 지역을 분석대상으로 삼는 연구이며, 비교연구는 복수의 지역을 비교하는 것이다. 지역연구자에게 비교분석이란 두 개 이상의 국가에 관심을 두고 연구하는 것이 아니라, 자신의 주된 관심이 있는 지역을 타 지역과 비교함으로써 보다 정확하고 객관적으로 보기 위해 사용하는 연구 방법이다. 관계연구는 국가 간의 관계를 연구하는 것으로서 본질적으로 지역학이라기보다는 국제학 연구 분야이다. 하지만, 타 지역에 관한 연구가 국제관계의 발전에 이바지 할 수 있고, 지역연구자들이 대외정책 결정과 실행과정에서 참여하는 것은 성공적인 대외관계발전을 위해 바람직하다.

한국에서는 연구지역에 따라 서로 다른 세대별 특징을 보이고 있다. 일본지역연구에서는 60대 이상의 연구자가 수적으로 미미하다. 이들은 식민지 시대의 영향을 받은 세대로서 일본지역연구를 기피하는 정서를 가지고 있다. 일본지역 연구에서는 50대 연구자 수가 제일 많고, 이들이 수적으로 정점을 찍은 후 점차 줄어들어, 30-40대 연구자는 상대적으로 줄어든 것으로 나타나고 있다. 중국지역연구자의 경우에는 중국에 관한 연구 붐이 오랫동안 꾸준하게 지속하면서 연구자들이 연령대별로 골고루 분포하고 있으며 30대 젊은 연구자들도 많이 있다. 그리고 중국의 부상으로 향후 연구자의 수가 더욱 늘어날 것으로 전망된다. 유럽, 러시아 등을 연구하는 학자들의 수는 갈수록 줄어들어 크게 우려가 되는 실정이다. 긍정적으로 전망하자면, 이 지역 연구자들의 희소성이 커지면서 앞으로 수적으로 늘어날 것으로 본다.

지역 연구자들의 소속을 보면, 대학에 가장 많이 종사하고 있으며, 싱크탱크 종사자는 소수에 불과한데, 이것은 한국에서 대학과 싱크탱크의 관계를 그대로 반영하고 있다. 수적으로 대학이 정책연구소보다 압도적으로 많고, 정부의 지역연구 지원금도 주로 대학에 배분되고 있다. 우리나라에서도 공적 마인드를 가진 개인이나 기업이 통 큰 기부를 하여 공공성을 갖춘 정책연구소가 점차 많이 설립될 것으로 기대한다. 한국의 연구기관을 살펴보면 학회와 대학연구소가 가장 중요한 역할을 하고 있음을 알 수 있다. 특히 지역연구논문을 가장 많이 발간하는 연구기관은 관련 분야의 학회이다. 학회는 참여자의 숫자라는 관점에서 보면 대학 연구소보다 규모가 훨씬 크다. 최근에는 대학연구소가 크게 발전하여 국가별로 특성화된 연구소가 있는가 하면, 지역종합연구소로서 다양한 국가에 관하여 연구하고 학술지도 발간하는 곳도 생겨나고 있다.

한국의 지역연구 현황을 보면 몇 가지 문제점을 드러내고 있는데, 첫째, 학문적 종속성이다. 한국의 지역연구는 서구적 시각과 이론의 영향을 받아 서구의 학문을 모방하고 답습하는 수준을 크게 벗어나지 못하고 있다. 서구 중심적 연구 패러다임을 많이 활용함으로써 서구의 지식공동체가 스스로 반성하는 자문화 중심주의를 무의식중에 따르게 되고 서구의 눈으로 이웃국가들을 바라보는 우를 범하게 되는 것이다. 지역연구는 현지조사를 해야 하는 속성 때문에 많은 비용이 들고, 국가적 지원이 필요한 연구사업이다. 따라서 충분한 연구비를 확보하지 못하는 경우에는 선진국에서 투자하여 축적한 연구의 결과만을 가져오는 경우가 있다. 이처럼, 연구의 과정에 대한 노력 없이 결과만을 가져오는 일이 타성적으로 될 때, 장기적으로 지역연구의 빈곤이 고착화될 수 있다.

한국 지역연구의 또 다른 문제점은 연구공동체의 이질성이다. 지역연구가 추구하는 학제적 연구를 현실적으로 실행하는 데에는 어려움이 따른다. 학제적 연구가 성공하기 위해서는 무엇보다도 학문 공동체의 동질성이 필요하다. 학문적 독창성을 가진 개별 연구자들이 이론과 연구 방법에 대한 공동의 관심과 이해를 공유해야 학제적 연구를 할 수 있는 것이다. 하지만 현재까지의 지역연구 성과를 보면 다양한 전공의 연구자들이 개별연구를 하고 그것을 단순히 조합하는 수준이어서, 학제적 연구라기보다 다학문적 연구에 머무르고 있다. 이처럼 다양한 분과학문의 연구자들이 서로 유기적으로 융합되지 못한 채, 집단연구를 하는 문제점을 극복하기 위해서는 서로 긴밀하게 소통하고 협력하는 공동연구의 경험을 많이 쌓고, 상시적인 연구 네트워킹을 구축하는 노력이 필요하다. 이처럼 협업이 가능한 인프라가 구축되어야 학제적 연구가 원만하게 이루어질 것이다.

2 일본 연구에서 대일감정은 극복되어야 한다.

한국의 일본지역 연구에서는 지리적 인접성, 문화적 유사성, 식민지 경험 등이 중요한 영향요인으로 작용한다. 지리적 인접성은 빈번한 정보의 유입을 가능하게 하고, 현지 조사의 비용을 줄여주기 때문에 지역연구를 활발하게 해주는 긍정적인 요인으로 작용한다. 또한 문화적 유사성은 지역전문가에게 필수적인 현지어의 습득을 수월하게 해준다. 아울러 동일한 문화권에 속해 있기 때문에 사전 교육 없이도 일본 현지의 정보와 지식을 수월하게 이해할 수 있게 해준다. 그러므로 일본지역연구자는 타지역연구자 보다 정보수집 및 분석에서 매우 유리한 조건을 갖추고 있다고 할 수 있다. 물론 한일 간에 엄연히 존재하는 문화 및 정서적 차이를 간과하는 위험성이 있다.

일반적으로 지역연구에서는 연구자가 연구대상을 객관적으로 대하기 어렵고 연구대상으로부터 영향을 받게 된다. 그리하여 자신의 국가와 동일한 문명권에 속한 국가를 연구할 때는 친밀감을 가지고 자국과 거의 비슷하리라 생각하고, 이질적 문명권에 속한 국가를 연구할 때는 자국과 매우 다를 것이라는 선입견에 사로잡힐 수 있다. 사실 일본을 연구하게 되면 예상과 달리 한국과 많은 점에서 다르다는 것을 발견하고 놀라게 된다.

식민지 경험은 한국의 지역연구에 가장 큰 영향을 주는 요인이다. 불행한 과거사는 오늘날 양국이 풀어야 할 많은 현안을 연구주제로 남겨주고 있다. 일본의 침략을 당한 경험이 있는 우리로서는 일본의 정상 국가화 등과 같은 안보 정책의 변화에 매우 민감하게 반응하게 된다. 또한 식민지 경험은 한국의 일본 연구에 장애 요인으로 작용한다. 첫째, 식민지 억압을 받았던 세대들은 일본에 대한 반감 때문에 일본으로부터 배우겠다는 자세를 가질 수 없었다. 우리나라 고등학교에서 일본어를 제2외국어로 가르치기 시작한 것은 1973년에 이르러서이다. 그리고 현재까지 서울대학교와 연세대학교의 학부에 일본 관련 학과가 개설되어 있지 않다. 둘째, 일본에 대한 반감은 일본을 객관적으로 바라보고 평가할 수 있는 가치 중립적 시각을 갖기 어렵게

한다. 가치중립이란 자신의 세계관, 종교관, 이념 등에 의해 영향을 받지 않는 연구 자세를 말한다. 따라서 일본에 대한 편견을 극복하는 것은 연구의 객관성 확보를 위해 필요한 전제조건이다.

물론 지역연구는 편견을 무조건 부정적으로 보지는 않는다. 한국인의 일본에 대한 감정을 이해하지 못하고 한일관계를 제대로 이해할 수 없기 때문이다. 예를 들어 한일 FTA 협상이 중단된 이유를 알기 위해서는 일본의 역사 교과서와 야스쿠니 신사 참배문제 등을 알아야 한다. 왜냐하면, 과거사 문제가 불거지면서 양국 간의 FTA 협상이 난관에 부닥쳤기 때문이다. 편견이 나쁜 것은 객관적인 연구를 방해하고 왜곡할 때이다. 예를 들어 일본의 경제발전 모델을 악의적으로 평가절하하고, 그 장점을 배우려고 하지 않는 자세는 편견에 의해 일본지역연구의 성과를 매몰 하거나 반감시킨다. 결론적으로 말하자면, 연구자가 한국 사회에서 일본을 싫어하는 정서가 있다는 것을 발견하고 공표할 수는 있지만, 본인의 반일감정을 연구에 밝히거나 반영해서는 안 되는 것이다.

한국에서 일본지역연구가 활성화된 시기는 1980년대 중반 이후이다. 그 계기는 무엇보다도 그 당시 일본이 세계 제2의 경제 대국으로 부상하면서 전 세계적으로 "일본을 배우자"라는 붐이 일어났기 때문이다. 자유시장의 힘이 경제성장을 가져올 수 있다고 믿는 서구 연구자들에게는 일본의 국가 주도 경제성장이 경이로운 현상이었고, 일본 경제체제에 관한 연구 결과 발전국가라는 개념을 만들어내었다. 그들에게는 일본식 기업 경영방식도 흥미로웠다. 서구의 노사관계는 기본적으로 계급적 관계이며, 협상과 타협을 통해 임금 등과 같은 노동조건이 결정되는 반면에, 일본의 경우에는 종신고용과 연공서열이라는 원칙에 따르기 때문에 노사 간에 협상할 일이 크게 없는 것이다. 일본의 정치·경제적 특성이 세계적인 주목을 받게 되면서, 일본과 유사한 경제모델을 추구하던 한국에서 일본지역연구가 매력을 갖게 되었다.

이러한 분위기는 학문 세대의 교체와 맞물리면서 상승작용을 하였다. 일본에 대한 반감이 상대적으로 작은 젊은이들이 대학생이 되면서 일본에 대한 학문적 수요가 급증하였다. 그리하여 1990년대 이후 많은 대학에 일본 관련 학과가 생겨났다. 하지만 신설된 학과명을 보면 "일어일문학과"와 "일어학과"가 다수이며, "일본학과"는 상대적으로 소수였다. 그리하여 수업내용도 어문학 중심으로 이루어졌다. 따라서 균형 잡힌 일본학의 발전을 위해서는 점진적으로 사회과학의 비중이 늘어날 필요가 있다는 지적이 있었고, 그 결과 점차 어문학 중심에서 탈피하여, 일본이라는 나라를 인문학과 사회과학 양면에서 접근하게 되고, 학과 명칭도 일본학과로 변경하는 학교들이 늘어났다.

일본지역연구에서 가장 많이 다루는 관심 주제는 경제와 경영이다. 이것은 특히 일반인을 대상으로 하는 단행본에서 두드러지게 나타나고 있다. 반면에, 학술연구에서는 일본의 정치와 외교, 과거사 등에 관한 연구가 가장 많다. 이러한 불균형은 한국 경제 및 경영학계의 일본에 대한 관심이 낮기 때문으로 보인다. 즉, 일반 대중은 일본의 지역경제에 관심을 두고 있지만, 학계에서는 지역경제에 대한 관심이 낮고 경제 현상을 이론적 혹은 수리적으로 접근하기 때문이다. 반면에 정치 외교 분야에서는 일본에 대한 관심이 상대적으로 높은데, 주요 관심 주제로는 일본정치의 우경화, 주변국과의 영토분쟁, 보통 국가론, 평화헌법 개정 등이 있다.

최근의 일본지역연구에 영향을 미친 두 가지 큰 사건을 지적하자면, 첫째, 2009년 전후 최초로 민주당이 정권교체를 이룩하였고, 짧은 집권 후 2012년 총선에서 참패를 함으로써 일본은 다시 자민당의 장기집권 체제로 복귀하게 되었다. 자민당의 장기집권이 무너졌지만, 비교적 짧은 기간에 다시 복구되는 특이한 현상은 일본정치체제에 대한 많은 관심을 불러일으켰다. 즉, 일본은 전후 70년 동안 보수 성향의 정당이 장기 집권하는 독특한 현상을 보이는 것이다. 이것은 정권교체가 주기적으로 일어나는 대다수의 민주주의 국가와는 다른 흥미로운 사례이다.

둘째, 2011년에 발생한 후쿠시마 사태는 한국의 일본지역연구를 위축시키는 계기로 작용하였다. 쓰나미에 의한 원전의 방사능 유출사고 소식 직후 한국의 일본어학원 수강생이 급감하였다는 사실을 보면 일본지역연구가 얼마나 큰 타격을 입었는지 잘 알 수 있다. 물론 후쿠시마 지진으로 인한 원전 사고가 일본의 환경문제에 관한 새로운 연구 관심을 제공함으로써, 단기적으로는 연구의 증가를 가져왔지만, 일본의 관리시스템에 대한 신뢰가 추락하면서, 일본으로부터 배우자는 한국인의 인식에 부정적인 영향을 주어 장기적으로는 연구침체를 초래하였다. 그 결과 2013년 이후 일본에 관한 연구가 급감하였고, 최근 회복세를 보이지만, 연구 활성화를 위한 지역전문가들의 새로운 주제 발굴 등의 노력이 필요해 보인다.

3 중국은 거대하지만 신뢰할 수 있는 풍부한 자료가 필요하다.

한국의 중국지역연구에 영향을 미친 요인을 일본지역연구와 비교하면 지리적 인접성, 문화적 유사성은 동일하지만, 이에 더하여 중국이 한국에게 가장 중요한 이웃 국가가 되었다는 점이다. 중국은 미국을 제치고 한국의 제1 교역 대상국이 되었다. 그리하여 한중간의 교역량은 한국의 대미와 대일 교역량을 합친 규모가 되었다. 또한 중국은 북한 문제의 해결에서 중요한 중재자 역할을 하고 있다. 과거 노무현 정부가 "중국 전문가 5만 명 양성정책"을 표방한 것은 이러한 중국의 중요성을 잘 보여주는 사례이며, 그 이후 중국에 대한 한국의 관심이 폭발적으로 늘어나 현재까지 지속하고 있다.

냉전 시대 중국은 한국전쟁에 참전한 적대국이었고, 사회주의 국가로서 우리와의 접촉이 거의 불가능하였다. 그러므로 중국에 관한 연구도 금기시되었고, 당시의 중국 연구는 지역연구라기보다 공산권 연구의 일환으로서 체제연구 차원에서 이루어졌다. 따라서 미국의 대중국 관심 주제와 유사하게 한국의 중국 연구도 중국의 혁명에 관심이 많았다. 공산혁명, 문화혁명 등 중국식 사회주의 혁명의 발생 조건과 진행 과정을 연구하였고, 그 연구 결과를 바탕으로 한반도의 공산화를 효과적으로 예방할 수 있는 반공적 대응책을 마련하는 데에 관심이 있었다.

한국에서 중국 연구가 활성화된 것은 1972년 닉슨의 중국방문이다. 이 사건은 한반도에 큰 정치적 영향을 끼쳤다. 한국의 우방인 미국이 적성 국가인 중국과 관계개선을 하자, 한국 정부는 미국의 안보

공약에 대한 의구심을 갖게 되었고, 북한과의 군사적 충돌을 방지하기 위하여 적극적인 한반도 화해 분위기 조성에 나섰다. 특히 1972년 베트남에서 미군이 철수하고 3년 후인 1975년에 베트남이 패망하게 되자, 한국 정부는 베트남 사태가 한반도에 재현될 것을 우려하게 되었고, 정전협정 당사국으로서 한반도 문제에 관여한 바 있는 중국의 군사 안보적 역할에 대한 관심이 크게 높아졌다.

중국에 대한 최대의 연구 관심은 중국이 개혁개방을 하게 된 이후이다. 이 시기에는 중국지역연구가 전 세계적으로 활성화되기 시작하였고, 한국에서도 중국특색의 사회주의에 대한 관심을 가지고 연구를 하였다. 그리고 노태우 정부가 북방정책을 추진하면서, 중국과의 교역과 교류를 위해 중국지역연구가 힘을 받기 시작하였다. 그동안 중국과의 교역은 홍콩을 통한 삼각무역이라는 간접적인 방식으로 이루어지고 있었다.

그런데 무엇보다도 한국의 중국지역연구가 본격화된 획기적인 사건은 북방정책이 결실을 보게 된 1992년의 한중수교이다. 양국 간에 정식 외교 관계가 수립되면서 그동안 중국에 대해 가지고 있던 관심이 봇물 터지듯 폭발하였다. 그리고 양국 수교 이후 본격화된 교역과 투자의 급속한 증가는 중국 시장에 대한 연구의 필요성을 크게 증대하였고, 1990년대 중반 이후 전국적으로 중국 관련 교육과정이 생겨났다. 학부의 경우에는 중국학과가 신설되거나 중어중문학과가 중국학과로 개편되었고, 대학원에는 중국 전문대학원이 신설되었다.

중국지역연구에서 가장 많이 다루는 연구주제는 경제 분야이며 그 중에서도 과거에는 개혁개방이었지만, 1990년대 후반에 들어서면서 주제 영역이 다변화되어 중국기업의 민영화, 중국경제의 세계화, 노동문제 등에 관한 연구가 활발하게 이루어졌고, 2000년부터는 정치

경제적인 이슈로 확대되어 농민공 문제, 위안화의 국제화, 중화경제권, 중앙-지방 관계, 양안 관계 등에 관한 연구가 늘어나고 있다. 물론 중국을 제대로 이해하기 위해 중요한 주제이지만 별로 잘 다루어지지 않는 것들이 있는데, 소수민족 문제, 시민사회, 민주화 등은 중국 체제에 대한 깊이 있는 이해를 돕는 중요한 주제임에도 불구하고 자료의 제약과 선행연구의 결핍 등으로 인하여 연구 성과가 미흡한 편이다.

중국은 영토와 인구 면에서 거대한 나라이다. 따라서 하나의 정확한 중국을 간단하게 찾아내기는 그리 쉽지 않은 일이다. 그러므로 중국의 본질을 객관적 연구를 통해 드러내기 위해서는 특정 분야에 쏠리는 연구를 지양하고, 최대한으로 다양한 주제를 다루는 다각적 연구를 진행함으로써 중국에 대한 종합적 이해를 할 수 있는 연구전략이 필요하다. 이를 위해서는 중국지역 학문공동체 내에서 소수의 연구주제에 국한하지 않고, 주제의 배분이 다채롭게 이루어질 수 있도록 유의할 필요가 있다.

중국지역연구에서는 미시적이고 단기적인 정책 이슈도 중요하지만, 중국은 거대한 국가로서 국가보다는 문명권에 가깝기 때문에, 문명사적인 관점에서 바라보고 이해하는 거시적인 접근이 필요하다. 그리하여 중국 연구자들은 중국사회의 전환기적 변화를 가져다줄 수 있는 요인이 무엇인지에 관한 질문을 던지고 그 해답을 제시할 필요가 있다. 최근 들어 중국체제는 정치 경제적으로 중대한 도전에 직면하고 있다. 중국의 성장엔진이 멈출 것인지? 중국 공산당의 일당 지배는 지속가능한 것인지? 중국의 이념적 정체성은 다민족을 계속 결속할 수 있는 것인지? 등은 중국인에게도 중대한 이슈인 동시에 우리와 국제사회에도 관심 있는 질문이다.

중국 정부의 공식 입장에 의하면 중국은 수천 년 동안 세계 최고의 문명권이었고, 지난 200년 동안 서구에 뒤졌지만, 오늘날 다시 중국 본연의 위상을 회복하고 있다. 그리고 전 세계 모든 국가들이 서구가 걸어온 길을 따라야 하는 것이 아니며, 문명의 발전경로는 다양하게 존재하며, 중국은 수천 년 동안 걸어온 중국 특유의 길을 꾸준히 걷고 있다고 주장한다. 이러한 문명논쟁에 참여하기 위해서는 거시적인 중국의 변화에 대해 전망하는 연구가 필요한 것이다.

중국지역연구에 대한 가장 큰 장애는 통계자료의 신뢰 문제이다. 중국 사회의 폐쇄성으로 인해 정보에 대한 접근성이 떨어지고, 중국 정부의 공식문건은 중국의 현실과 다소 괴리를 보인다. 오늘날 중국의 공공기관과 민간의 노력으로 정보의 신뢰성이 과거에 비해 많이 개선되고 있지만, 중국의 자료는 당분간 국제기구나 서구에서 발간되는 자료와 함께 병행적으로 이용할 필요가 있다. 이러한 자료 분석 방법은 과거 신뢰할 수 있는 정보를 풍부하게 제공하지 않았던 공산권 국가연구에서 사용하던 방법이다.

4 유럽은 다층적으로 구성된 복잡한 건축물과 같다.

유럽지역연구에서는 매우 다양한 분석단위가 활용되고 있다. 그리하여 "유럽연합연구", "유럽통합연구", "유럽국가연구"라는 여러 가지 유형의 연구영역이 존재한다. 유럽연합연구란 유럽연합(EU)의 기구와 제도, 정책, 유럽연합과 회원국 간의 관계 등을 다루는 연구로서 분석의 초점이 유럽연합에 맞추어져 있다. 이에 비해 유럽통합연구는 유럽의 지역통합을 분석주제로 다루는 연구이다. 이 연구는 유럽의 통합에 관한 모든 연구를 포함하기 때문에 유럽연합뿐만 아니라 다른 통합적 시도를 포함한다. 예를 들어 2차 대전 이후 생겨난 유럽경제협력기구(OEEC), 나토, 유럽평의회(Council of Europe)도 넓은 의미의 유럽통합 시도이다. 또한, 중세나 근대에 유럽통합을 주창하였던 선각자에 관한 연구도 유럽통합연구에 포함된다. 유럽국가연구는 가장 포괄적인 연구유형으로서 유럽연합의 회원국과 비회원을 포함하여 유럽에 있는 모든 국가에 관한 연구를 말한다.

유럽지역연구를 할 때 몇 가지 유의해야 할 사항이 있다. 먼저 유럽지역연구자들이 일부 국가에 편중된 연구를 하는 경향이 있다. 대체로 한국에서의 연구는 유럽 선진국 연구에 초점을 맞추어, 주로 영국, 독일, 프랑스에 관한 연구가 주를 이룬다. 이것은 한국사회의 관심과 연구자의 전문성 등의 관점에서 볼 때 매우 자연스러운 현상이다. 하지만, 국가 전략적 관점에서 볼 때, 매우 중요한 나라이면서도 소외되는 국가들이 있다. 예를 들어 스페인의 경우에는 언어 사용인구가 중남미와 미국 내 히스패닉 주민을 포함하여 4억 명 이상이 모국어로 사용하고 있다. 그리고 이들 지역의 주민들은 자신들을 스페인과 동일한 문명권이라고 생각한다.

또한 동유럽 국가들도 우리에게는 전략적으로 중요한 나라에 속한다. 이 지역에는 전 세계 글로벌 기업들이 경쟁적으로 진출하여 생산기지를 건설하는 등 대규모 투자를 하고 있다. 왜냐하면 유럽 단일시장이 완성되면서 동유럽 지역에서 생산하여 서유럽 지역에 판매하는 것이 가능하며, 동유럽 지역은 양질의 저렴한 노동력이 풍부하고 국가적 차원에서 외국인 직접투자를 지원해주고 있기 때문이다. 여기에 더하여 유럽연합이 낙후지역 경제 활성화를 위해 지원하는 보조금을 외국인 투자기업들이 받을 수 있다. 이러한 관점에서 볼 때, 유럽의 선진국에 관한 연구도 중요하지만, 몇몇 나라에 매몰되어서 수십 개의 다른 유럽 국가들을 소홀히 해서는 안 되는 것이다.

이처럼 편중된 연구가 이루어지는 이유는 무엇보다도 유럽 연구에서 집단주의적 오류(ecological fallacy)가 발생하기 때문이다. 집단주의적 오류란 전체의 특성을 가지고 개별 구성원의 특성을 속단하는 것으로서, 유럽에 관한 연구를 하게 되면, 유럽 국가들이 모두 비슷할 것이라는 오류를 범하는 것이다. 사실, 자세히 들여다보면 독일과 프랑스는 같은 이웃 나라지만 아주 다른 차이를 갖고 있다. 독일과 루마니아는 더 큰 차이가 난다.

물론 유럽 국가들이 서로 유사한 특징을 공유하는 점이 있지만, 유럽 지역전문가라면, 공통점과 함께 차이점에 대한 세밀한 지식을 갖추어야 할 것이다. 오늘날 유럽이 통합되면서, 통일성 속의 다양성을 지양하고 있다. 따라서 유럽지역연구는 하나의 유럽에 관한 연구와 함께 통합된 유럽 속에서 유지 보존되고 있는 다양한 국가들의 특성에 대한 관심을 소홀히 하지 말아야 할 것이다.

유럽지역연구는 미국지역연구보다 한국 사회에 주는 시사점이 크기 때문에 훨씬 유용하다. 미국은 한국사회의 모델이 되기에는 너무나 크고, 많은 특수성을 가지고 있다. 미국 사회의 특수성을 설명하는 개념으로 미국 예외주의(American exceptionalism)가 있다. 미국에는 대다수의 선진국이 가진 제도와 정책이 없다는 것이다. 사회보장제도가 미흡하고, 노동자를 위한 좌파정당이 유명무실하고, 많은 주에서 사형제도를 시행하고 있다. 지구온난화를 막기 위해 선진국들이 앞장서서 교토의정서에 비준하였지만, 미국은 예외적인 행태를 보였다.

 최근 유럽연합이 통합을 가속화하고 세계무대에서 적극적인 활동을 펼치고 있다. 글로벌 행위자 역할을 강화하고 있는 유럽연합은 그 활동 범위를 아시아까지 확대하고 있다. 유럽연합은 2000년경에 김대중 정부의 햇볕정책을 지지하는 등 북한 문제 해결에 적극적으로 관여했으며, 2011년에는 한국과 FTA를 체결하고 경제적 교류 협력을 한층 강화하고 있다. 이처럼 한반도와 유럽연합 간의 관계는 경제적 파트너 관계를 넘어서 전략적 동반자 관계로 발전하였으며, 유럽연합의 중요성이 날로 커지고 있다. 앞으로 국내에서 유럽에 관한 연구 관심은 갈수록 커질 것으로 보인다.

 그동안 학계에서는 유럽에 대한 많은 관심을 가지고 연구를 진행하였지만, 일반 대중들의 관심은 상대적으로 낮았다. 과거 오랫동안 유럽연합에 관한 뉴스의 보도 가치는 낮은 편이었다. 언론은 사건 사고를 비중 있게 다루는 속성을 가지는데, 유럽연합에 관한 이야기는 주로 성공 스토리였기 때문에 언론이 흥미롭게 다루지 않았다. 하지만 21세기에 접어들면서 유럽통합은 연속적인 위기를 겪었고 그 결과 많은 기사거리가 생겨나고 있고, 한국 사회에서 유럽연합에 관한 관심을 불러일으키고 있다.

 최근의 주요 위기를 소개하자면 첫째로 유럽 헌법의 좌초이다. 유럽합중국으로 발전하기 위한 정치통합의 일환으로 유럽 헌법을 만드는 작업이 2003년부터 시작되었으나, 결국 프랑스 및 네덜란드와 같은 창설 회원국에서조차 비준을 받지 못하고 무산되면서 큰 충격을 주었다. 그리하여 파기된 유럽 헌법을 미니 헌법의 형태로 변용한 리스본 조약이 2007년에 체결되었으나, 이것조차도 아일랜드 국민들이 주권침해의 소지가 있다는 이유로 비준을 거부하였고, 폴란드와 체코에서도 비준을 둘러싼 논쟁이 있었지만, 우여곡절 끝에 리스본 조약이 성공적으로 통과되면서 유럽통합의 안정성이 확보되었다.

2010년에는 그리스가 국가 부도에 직면하면서 유로화를 도입한 국가들의 모임인 유로존에 밀어닥친 금융위기가 연일 언론을 장식하였다. 유럽연합이 그리스 사태의 재발을 막기 위해 회원국의 금융과 재정정책에 대한 감시와 통제를 더욱 강화하는 노력을 하게 되자, 2016년에는 영국에서 실시된 브렉시트 국민투표에서 국민의 과반수가 유럽연합 탈퇴에 표를 던졌다. 이러한 일련의 위기를 겪으면서, 유럽의 지역통합 프로젝트는 이제 더 이상 당연하고 바람직한 현상이 아니라, 심도 있는 분석과 논의가 필요한 쟁점이슈가 되어 가고 있다. 그리하여 유럽통합 낙관론자와 비관론자 간에 논쟁이 벌어지고 있다. 이러한 상황들이 유럽 전문가들의 연구 의욕을 자극하고 활성화하고 있다.

유럽지역 연구에서 주로 다루는 이슈로는 지역통합, 사회복지, 여성, 환경, 시민사회, 평화 등과 같은 이슈이다. 그 이유는 유럽에서는 삶의 질을 높이기 위한 제도와 정책이 발달했기 때문이다. 그러므로 주요 학술논문을 보면 사회 이슈에 관한 관심이 가장 많다는 것을 알 수 있다. 반면에, 단행본의 경우에는 법과 경제가 강세를 보인다. 이것은 유럽연합의 법 규정과 경제실무를 배우려고 하는 독자층이 있기 때문으로 보인다. 그리고, 정치 이슈는 단행본과 학술논문 등 모든 간행물에서 두루 다루어지고 있다. 흥미로운 것은 문화 관련 연구가 기대와 달리 미흡하다는 것을 알 수 있다. 이것은 국내에서 문화 연구가 비교적 미개척분야이고 특히 유럽문화 연구자가 그리 많지 않다는 사실에서 기인한다. 유럽문화에 대한 비평은 다수 있지만, 문화 이론적 관점에서 유럽의 문화를 분석하고 새로운 발견을 도출한 연구 결과는 미미한 것이다.

5 러시아는 모순으로 가득한 수수께끼 같은 나라이다.

러시아지역연구에서는 러시아의 정체성이 가장 중요한 결정요인으로 작용한다. 러시아를 유럽지역연구에 포함해야 하는지 아니면 독립적인 지역연구로 보아야 하는지는 러시아의 성격 규정에 따라 결정될 것이다. "러시아는 유럽에 속하는가?" 라는 질문을 두고 러시아 국민들 스스로가 300년째 아직 결론을 내지 못하고 있다. 1700년경에 표트르 대제가 러시아의 근대화를 위해 수도를 모스크바에서 페테르부르크로 옮기면서 새로운 수도를 "유럽으로 향한 창문"이라고 불렀다. 그 이후 러시아는 자신의 정체성을 유럽과 동일시할 것인지 아니면 구분할 것인지에 관한 논쟁을 하고 있다.

러시아에서는 정치지도자를 평가하는 기준으로 서구형, 슬라브형, 유라시아형이 있다. 하지만 이것도 기준점을 제시할 뿐이지 명확한 판단을 내릴 수 있는 것은 아니다. 예를 들어 푸틴 대통령은 페테르부르크 출신으로서 독일에서 오랫동안 근무하였기 때문에, 서구적 사고를 하고 유럽과의 관계를 중시하지만, 서방과 대결하는 태도를 보이고, 중국과의 관계를 돈독히 하므로 유라시아주의자로 볼 수 있다. 이러한 이유로 러시아의 본질을 정확하게 파악하는 것은 러시아 지역연구의 오래된 과제라고 할 수 있다.

1990년에 사회주의권이 붕괴하면서, 많은 동유럽국가와 구소련 공화국들이 민주주의와 시장경제를 위한 개혁을 시작하였지만, 러시아는 아직도 체제 전환의 과정에 있다. 도스토옙스키는 "러시아는 항상 공사 중"이라는 말로 끊임없이 변모하는 러시아 체제의 속성을 표현하였다. 러시아는 20세기 초에 사회주의 혁명을 하였고, 20세기 말에는 자본주의 혁명을 함으로써, 1세기 안에 국가의 발전경로를 두 번씩이나 정반대로 방향을 틀었다. 따라서 러시아의 정체성과 체제에는 두 가지의 대립적인 속성이 공존하는 모순을 안고 있으며, 이것은 외국인에게는 이해하기 어렵지만, 러시아인들에게는 자연스럽고 당연하게 느껴진다.

우리에게 러시아는 주로 경제 이익이라는 측면에서 유용한 국가로 인식되고 있다. 이에 따라 러시아 연구 이슈도 한러통상, 극동개발, 시베리아 가스와 석유, 한반도철도와 시베리아철도 연결사업 등이 주를 이루고 있다. 또한 남·북·러 3각 협력에 관한 연구도 끊임없이 이루어지고 있다. 하지만, 북한의 핵 개발 문제로 남북관계에서 획기적인 진전이 발생하지 않음으로써 북한을 매개로 하는 한러협력은 연구대상으로서 관심을 잃어가고 있다. 이와 유사한 맥락에서 대규모 경협사업도 한러수교 이후 양국 정상 간에 여러 차례 합의되었으나 북한이 걸림돌이 되면서 실행되지 못하고, 관련 주제 연구는 기존 연구를 되풀이하는 수준에 머물고 있다. 따라서 향후 연구는 실행 가능한 한러협력사업에 초점을 맞추어 진행되어야 할 것이다.

이처럼 한국의 러시아 연구는 주로 협력사업의 증진을 위한 정책 연구에 큰 비중을 두고 있는 반면에, 러시아의 내부사회에 관한 심도 있는 연구는 미흡한 실정이다. 그 이유는 연구의 유용성이 낮기 때문이다. 즉, 러시아 사회가 한국사회의 모델이 되지 못하기 때문에, 교훈과 시사점을 얻기 위한 연구 관심이 미흡한 것이다. 게다가 우리에게는 러시아가 중요한 한반도 4강중의 하나이며, 러시아와의 우호 협력 관계 유지가 국익 차원에서 중요하기 때문에 러시아의 민주주의와 인권 문제는 비판하기도 어렵고, 변호하기도 어렵다. 최근 푸틴 대통령이 장기집권을 위한 헌법개정을 하는 등 권위주의화하는 경향을 보이지만, 한국 사회에서 큰 관심을 끌지 못했다는 사실은 러시아를 정책적 활용대상으로 보는 시각 때문이라고 할 수 있다.

| 토론꺼리 |

① 한국에서 동아시아 연구가 오랫동안 지연된 이유는 무엇인가?
② 일본지역연구에서 과거사는 어떻게 장애물로 작용하는가?
③ 일본지역연구에서 중요하게 다루는 주제는 무엇인가?
④ 한국에서 중국에 관한 연구 관심을 폭발시킨 계기는 무엇인가?
⑤ 중국지역연구에서 주로 다루는 주제는 무엇인가?
⑥ 유럽지역연구에서는 어떠한 분석 수준들이 있는가?
⑦ 유럽지역연구에 대한 관심을 촉발한 최근의 사건들은 무엇인가?
⑧ 유럽지역연구에서 중요하게 다루는 주제는 무엇인가?
⑨ 러시아의 국가 정체성은 무엇인가?
⑩ 러시아지역연구에서 가장 중요한 주제는 무엇인가?

제4절
지역연구 방법의 특징

1 지역연구는 내부적 시각을 중시한다.

내부자 시각의 반대는 오리엔탈리즘이다. 에드워드 사이드에 의하면 오리엔탈리즘이란 "동양의 각종 유무형의 문화적 맥락을 서구적 관점에서 해석하여 비과학적, 미신적, 비합리적, 비논리적이라고 낙인찍는 태도"를 말한다. "오리엔탈리즘"이라는 책을 쓴 에드워드 사이드는 팔레스타인 출신의 미국 문학 비평가이다. 그는 미국의 언론 보도를 보면서 흥미로운 사실을 발견하였다. 언론들이 중동 분쟁을 보도하면서 항상 이스라엘 편을 든다는 것이다. 결국 사이드는 그 원인이 바로 서구인들은 동양에 대한 부정적인 선입관을 가지고 있으며, 이스라엘을 서양으로, 팔레스타인을 동양으로 인식하기 때문이라는 사실을 알아내었다.

그리고 서구인들이 동양에 대한 편견을 가진 이유는 수많은 서구의 작가와 사상가들이 오랜 세월에 걸쳐 "자문화 중심적" 시각을 가지고 글을 썼기 때문이라고 주장하였다. 그는 자신의 주장을 뒷받침하기 위하여 서양의 뛰어난 명저들을 분석하여 그곳에 담긴 "유럽 중심주의"를 찾아내어 밝혀냄으로써 오리엔탈리즘의 역사적 연원을 찾아내었다. 이처럼 오리엔탈리즘은 서구중심주의를 고발하는 개념이다.

지역연구자에게 오리엔탈리즘이란 경고문과 같다. 타자의 시각이 아닌 내부자의 시각으로 연구대상 국가를 바라보아야 한다는 것이다. 우리의 경우 방송사들이 경쟁적으로 티베트나 아마존 지역 등에 있는 원시적 부족생활을 다룬 지구촌 탐험 프로그램을 제작 방영하고 있다. 이들 프로그램은 시청자들에게 "지구촌에는 근대화 대열에서 뒤떨어진 나라들이 아직 많이 있고, 한국은 그러한 나라에 비해 서구사회에 상당히 근접, 추적했다"라는 이미지를 각인시킨다. 이러한 인식에는 그들도 토착적인 고유문화를 버리고 하루빨리 서구적으로 문명화되길 기대하는 마음이 담겨있으며, 그러한 프로그램을 통해 우리는 지난날 서구가 아시아와 아프리카 국가들을 바라보던 우월적 인식 태도를 재현하는 소 제국주의자가 되는 것이다.

이러한 태도는 주변부적 오리엔탈리즘에 해당한다. 즉, 자신의 주변성을 탈피하기 위하여 새로운 주변부를 만들어 내는 인식이다. 일본은 아시아 국가들을 침략하여 식민지화하는 서양 제국주의를 비판하면서, 동양의 선각자적 국가로서 아시아의 열등 국가들을 지도하여 문명국으로 나아가게 할 책임이 있다고 주장하였다.

그리하여, 후쿠자와 유키치는 아시아 근대화 사명을 수행할 젊은이들을 양성한다는 목표로 게이오 대학을 설립하였다. 오늘날의 개념으로 보면 일본의 국제화를 위한 인재를 양성하여 아시아 전 지역에 보내어 앞선 일본의 제도와 문화를 확산한다는 비전을 제시하였지만, 결국은 일본 정부의 해외 식민지 개척의 첨병으로 전락해버렸다. 당시 일본이 주장한 아시아연대론은 아시아 국가 간의 수평적 연대라기보다는 일본을 맹주로 하는 위계적 연대였으며, 대동아공영권이라는 이름으로 아시아 경제통합을 내세우면서 일본의 경제발전을 위해 아시아를 자원공급지와 상품시장으로 삼은 것이다.

오리엔탈리즘의 반대 개념으로 옥시덴탈리즘이 있다. 이것은 오리엔탈리즘과는 정반대로 서양사회는 물질적이고 천박하고, 동양은 선하고 인간적이라는 구별을 통해 서양에 대한 적대적인 태도를 보이고 동양을 예찬하는 시각이다. 이처럼 옥시덴탈리즘은 오리엔탈리즘의 반작용으로 생겨났지만, 논리 구조는 오리엔탈리즘과 동일한 이분법적 인식 틀을 사용하고 있다. 즉, 세상을 선과 악, 우월과 열등, 문명과 야만이라는 틀로 바라보고 평가하는 것이다.

지역학이 강조하는 내부자 시각은 오리엔탈리즘의 반대이지만, 옥시덴탈리즘과 같은 반발적 시각과도 다르다. 내부자 시각이란 특정 지역을 연구할 때, 그 지역 고유의 역사적, 문화적 입장을 최대한 이해하려는 태도를 말한다. 다시 말하자면, 연구대상 국가의 관점에서 연구하는 것이다. 지역학은 해외지역 사회의 사고방식과 행위 양식을 연구의 중심에 둔다. 이러한 시각은 문화적 상대주의에 해당한다. 모든 문화는 상대적인 차이가 있을 뿐이지, 우열이 없다는 관점이다. 스푼과 포크가 숟가락과 젓가락보다 더 낫거나 혹은 못하다고 평가할 수 없는 것이다. 스테이크 하우스가 한식당보다 더 좋다는 생각을 가질 필요가 없다는 것을 의미한다.

문화란 특정 지역에서 오랜 시간에 걸쳐 형성 발전되면서 고유한 토착적 특징을 갖게 되고, 그 결과 사회의 작동원리로 작용하는 규범적 힘을 획득한다. 특정한 문화 전통은 사회적 필요에 의해 생겨났고, 모든 사회 구성원들이 당위적으로 따르는 규칙이 된 것이다. 그런데도, 서구국가는 제3세계에 대한 개발원조 사업을 하면서 현지 사회의 문화와 전통을 무시하는 오류를 자주 범했다.

예를 들자면, 세계은행이 개발원조 차원에서 인도 마을의 홍수방지 지원사업을 한 적이 있다. 동네 한가운데에는 마을 사람들이 성스럽게 여기는 산이 있었고, 과학적인 숲 가꾸기가 이뤄지지 않아 많은 나무가 죽고 잡목이 우거져 있었다. 그리하여 개발사업의 일환으로 조림사업을 추진하였다. 하지만 마을 사람들은 개발에 반대하였고, 이들의 반대에도 불구하고 사업을 강행하자, 마을 사람들은 작업 인부들이 벼락을 맞을 것이라고 믿었다.

그러나 조림사업은 무사히 끝났고, 그 후 서구인들이 전혀 예상하지 못한 일이 벌어졌다. 마을 사람들이 너도나도 산에 들어가 벌목을 하기 시작하였다. 그리하여 홍수가 더 빈번해졌고, 정부는 울타리를 치고 산지기를 두어야 했다. 과거에 미신이 수행했던 기능을 이제 정부가 비용을 들여 대신하게 된 것이다. 낯선 땅에 온 서구인들이 미신이라고 경멸했던 것은 과학이란 이름으로 추방된 합리성이었다.

빈곤한 사회에서 종교적 터부는 희소한 재화를 보호하는 기능을 하며, 위기상황이 닥칠 때 신에게 제사를 지내고 일시적으로 양해를 구한 후, 위기 극복에 필요한 만큼 보호 자원을 소비하는 풍습이 생긴 것이다. 그런데 외부에서 온 타지인들은 마을의 고유한 터부에 대한 이해가 전혀 없었고, 후진사회의 사고는 타파해야 한다는 계몽주의 정신으로 무장되었던 것이다.

배고픈 사람에게 고기를 줄 것인가? 아니면 고기 잡는 방법을 가르쳐줄 것인가? 하는 것은 신중하게 결정해야 할 사항이다. 배고픈 사람에게 섣불리 고기 잡는 방법을 가르쳐 줘서는 안 된다. 도움은 생선을 주는 정도에서 그치는 것이 좋은 경우가 많다. 서구사회는 그동안 제3세계에 자기 삶의 방식을 주입함으로써, 후진국들이 그들 고유의 문화와 환경에 적합한 발전경로를 찾는 수고를 앞서 덜어줘 버렸다. 지역연구는 '나'를 연구하는 것이 아니라 '남'을 연구하는 학문이고, '남'을 지역적으로 분류하게 된다. 이러한 과정에서 자문화 중심적 시각을 갖기 마련이므로, 특정한 사회에 접근하기 이전에 그 사회의 문화, 역사, 철학적 배경을 이해하는 자세를 갖는 것이 지역연구의 바람직한 태도이다.

2 지역연구는 학제적 접근법을 사용한다.

학제적 연구란 다양한 학문의 협력을 이끌어내는 접근법을 말한다. 인간이 사는 현실은 총체적이지만, 분과학문은 파편화되어 있다. 대학의 학문은 인문학, 사회과학으로 나누어져 있고, 사회과학은 다시 정치학, 경제학, 사회학, 심리학 등으로 다시 세분화된 것이다. 학제적 연구는 이러한 문제점을 극복하려는 관점에서 생겨났으며, 총체적인 현실을 종합적으로 이해하기 위하여 여러 분과학문의 연구 성과를 활용하자는 인식에서 나왔다. 인간 사회와 세계를 정확하게 이해하는 데에 필요한 모든 학문적 결실을 활용하려는 것이다.

이러한 논리에 따라, 지역학은 학제적 연구 방법을 적극적으로 활용한다. 예를 들어 중국을 이해하는 데에 정치학 지식만을 가지고 분석하는 것은 바람직하지 않다. 경제학과 사회학에서 개발된 이론과 방법론을 적극적으로 활용하는 것이 바람직하다. 미국과 충돌하는 중국의 태도를 이해하는 데에는 19세기 이후 100년 동안 서구열강에 의해 치욕적인 침탈을 겪은 중국의 역사에서 실마리를 찾을 필요가 있다. 그리고 중국의 개혁개방을 이해하는 데에 중국인의 매우 실용적인 경제관이나 철학을 활용한다면 더 심도 있는 설명이 가능해질 것이다.

이처럼 지역학은 특정국가의 현상을 이해하기 위하여 사회과학과 인문학을 모두 활용하는 열린 마인드를 가지고 연구에 임하고 있다. 그렇기 때문에 지역학은 인문학과 사회과학이 만나는 학문적 교차로에 있다. 즉, 특정 국가를 여러 학문의 접점에 두고 집중적으로 탐구하는 학문 분야인 것이다. 다시 말하자면 지역연구자는 자신이 관심 있는 국가에 대해 종합적으로 이해하기 위해 인문학과 사회과학의 중요한 이론과 개념을 모두 숙달할 필요가 있는 것이다. 분과학문의 칸막이를 거리낌 없이 넘나드는 자유로운 연구자 정신을 가져야 한다.

물론 학제적 연구가 쉬운 일은 아니다. 학제적 연구는 근대 학문에 대한 반란이다. 그동안 학문의 영역이 전문화, 세분화, 파편화된 이유는 연구대상을 최소화하여 정확한 진단과 분석을 하기 위해 불가피한 면이 있었다. 예를 들어 경제학의 경우 거시경제, 미시경제, 화폐금융 등과 같이 수없이 많은 전문분야로 나누어지고 있다. 한 명의 연구자가 이 모든 분야를 다룬다면 진정한 전문가가 되기 어려울 것이다. 하지만, 이처럼 전공 분야가 세분화됨으로써 경제학자도 이해할 수 없는 경제학 논문이 생산되고 있다. 경제이론은 날이 갈수록 정교화 되고 발전하지만, 오늘날까지 경제 위기가 주기적으로 발생하고 이를 예방하지 못하는 것이 경제연구의 과도한 세분화 때문이라는 반성도 있다.

지역전문가는 학제적 연구를 한다고 해서 인문학과 사회과학의 모든 지식을 알아야 한다는 것이 아니다. 자신의 전공지역에 관한 다양한 기본지식을 갖추고 있어야 하지만, 이에 못지않게 중요한 것은 인문학과 사회과학에서 생산된 개념과 이론을 자유자재로 가져다 활용할 수 있는 능력을 갖추는 일이다. 다시 말하자면 분과학문의 모든 지식을 알아야 하는 것이 아니라, 필요한 설명 도구를 가져올 수 있는 소통능력과 개방적 마인드를 갖추면 충분하다.

3 지역연구는 현지 지식을 활용한다.

현지 지식의 수집을 위해 지역연구자는 무엇보다도 현지에서 발행되는 1차 자료를 수집하여 활용해야 한다. 1차 자료란 가공되지 않는 원자료를 말하며, 다른 전문가들의 설명과 해석의 결과물이 아닌 기초자료이다. 경제학에 비유하면, 1차 산업은 농업, 어업, 광업이며, 이 산업부문에서 생산된 제품은 주로 자연자원에 해당한다. 반면에 2차 산업인 공업은 자연자원을 가공하여 공산품을 만들어낸다. 따라서 학술논문이나 정책보고서는 2차 자료에 해당하며, 1차 자료란 논문이나 보고서를 작성하는 데에 필요한 자료로 활용되는 통계수치, 언론보도, 연설문 등이다. 지역전문가는 현지에서 1차 자료를 수집하는 데에 모든 노력을 기울여야 할 것이다. 2차 자료는 굳이 현지에 가지 않아도 구할 수 있다.

자료를 수집하는 데에는 늘 한계가 있기 마련이다. 연구자가 원하는 자료가 존재하지 않는 경우가 많기 때문이다. 이러한 경우에는 연구자가 자료를 만들어내어야 하며, 이를 위해 현지 조사를 실시한다. 현지조사는 면담, 관찰, 설문조사 등을 통하여 연구자의 연구 목적에 맞는 자료들을 생성할 수 있다는 장점이 있다. 게다가 현지를 방문함으로써 연구대상을 둘러싼 생생한 현장 분위기를 파악할 수 있다.

그런데 현지 조사를 원활하게 수행하기 위해서는 무엇보다도 현지어 능력이 필요하다. 언어는 그 나라로 들어가는 문을 열 수 있는 열쇠와 같은 것이다. 지역연구에서 현지 자료를 많이 활용할수록 내부자 시각으로 분석대상을 바라보는 데에 도움이 될 것이다. 물론, 현지어 숙달은 지역이해를 위한 필요조건이지만 충분조건은 아니다. 현지어 이외에도 현지인과의 네트워크를 구축하는 능력도 필요하다. 이것은 현지 조사를 효율적으로 진행하는 데에 도움을 줄 것이다.

과거에는 지역연구가 비용이 많이 드는 학문이었지만 오늘날에는 인터넷의 발달로 인하여, 현지어 능력이 있으면, 현지 방문을 하지 않고도 원하는 자료를 수집할 수 있는 연구 환경이 되고 있다. 따라서 지역연구자가 현지에 가지 않고 현지 자료를 구하기 위해 현지 기관이나 전문가와의 네트워킹을 구축하는 능력과 적극성이 중요해지고 있다. 현지 조사는 자료 생산과 살아있는 현장을 관찰하기 위한 목적으로 실시되고 있다.

현지 자료를 발굴하고 가공하는 일은 주로 광부와 금세공인에 비유된다. 자료발굴이 현장에 가서 금을 캐고 황금과 돌덩이를 분류하는 작업이라고 한다면, 자료 분석은 작업실에 앉아 수집한 노다지에서 순금을 추출하는 작업이다. 분과학문의 이론은 주로 현지 조사 없이 타인에 의해 수집된 집합자료를 토대로 만들어진다. 그러므로 분과학문의 연구자는 금세공인과 같다.

이에 비해 지역전문가는 현지에서 자유로이 활동할 수 있는 현지어 구사 능력을 바탕으로 수집한 정보를 직접 분석하여 유의미한 결론을 도출할 수 있는 분석적 마인드까지 겸비한 종합적 인간형이라고 할 수 있다. 따라서 지역연구자는 광부와 금세공인을 겸하는 매우 힘든 작업을 해야 하지만 전 과정을 직접 관장함으로써 일관성 있는 통합연구를 할 수 있다는 강점이 있다. 앞으로 한국의 대학이 선진화되고 지역학이 더욱 발전하게 되면, 현지에서 발로 뛰고, 생생한 삶을 체험할 수 있는 역량을 갖춘 지역전문가들이 대량으로 배출되는 시기가 도래할 것이다.

| 토론꺼리 |

① 오리엔탈리즘이란 무엇인가?
② 주변부적 오리엔탈리즘은 무엇인가?
③ 학제적 연구란 무엇인가?
④ 학제적 연구를 하는 지역연구자가 갖추어야 할 자세와 능력은 무엇인가?
⑤ 현지 조사의 필요성에 관해 말하시오.
⑥ 1차 자료와 2차 자료의 차이를 설명하시오.
⑦ 분과학문과 지역학의 연구자를 광부와 금세공인에 비유하여 설명하시오.

제2장
지역연구의 방법

제5절

해석학적 지역연구

1 사회적 맥락을 모르고 특정 국가에 관한 연구를 할 수 없다.

지역학은 사회문화적 맥락을 이해함으로써 특정 국가의 고유한 제도와 정책 그리고 주민의 행태를 설명하는 학문이다. 그러므로 지역연구는 특정한 사회를 분석할 때 현상의 사회적 배경을 이해하는 것을 매우 중요하게 생각한다. 사실 우리는 그동안 고유한 역사와 사회적 맥락을 무시한 채 서구의 제도만 도입할 경우 발생하는 폐해를 수없이 많이 보았다. 그만큼 사회적 배경이 중요하다. 따라서 한 지역을 연구한다고 할 때 지역연구의 초점에 놓이는 것은 그 지역에 사는 사람들의 사고방식과 행위 양식이다. 개인의 삶의 방식이 모여서 그 사회의 맥락이 되기 때문이다.

독일 시민들은 교통신호를 잘 지키지만, 프랑스에서는 "파란 불은 길을 건너라는 신호이고, 빨간 불은 조심해서 길을 건너라는 것이다"

는 인식이 있을 정도로 교통신호를 잘 준수하지 않는 편이다. 이러한 결과를 가지고 단순하게 독일인은 시민의식이 높고, 프랑스인은 낮다는 결론을 내려서는 곤란하다. 독일인들은 법과 질서를 지키는 것을 중요한 가치로 여기지만, 프랑스인들은 차가 지나가지도 않는데, 단지 신호등이 빨갛다는 이유로 길을 건너지 못할 이유가 없다고 생각한다. 즉, 인간의 자유와 자기 결정성을 중시하는 문화전통을 가지고 있다.

이처럼 서로 정반대의 사고방식과 사회 정체성은 양국의 경제와 정치에 각각 어떠한 영향을 주고 구체화하는가? 양국의 경제를 보면, 독일에서는 정밀기계공업이 발달했지만 프랑스에서는 창의적인 패션산업이 발달하였다. 정치적으로도 독일에서는 국가의 법과 명령에 충실한 신민문화가 발달하였고, 심지어 히틀러에 대한 맹종의 역사를 가지고 있다. 이에 반해 프랑스는 근대 자유주의의 본산이다. 프랑스인은 쉽게 반란을 일으킨다. 절대왕정을 무너뜨린 대혁명의 경험을 가진 프랑스 국민은 정부에 대한 불만을 주로 거리에서 직접 표출하는 경향이 강하다. 오늘날 프랑스에서 농민이나 대학생의 시위, 외국인 이주민의 폭동, 철도파업 등이 빈번하게 발생한다. 토크빌은 "프랑스는 개혁보다는 혁명에 의해 변화한다"고 말하였다. 이러한 맥락에서 볼 때, 자유주의는 프랑스 사회를 이해하는 열쇠이다. 이처럼 타국의 고유한 문화를 잘 이해하면 그 나라의 사회현상에 대한 깊이 있는 분석이 가능하게 된다.

러시아의 푸틴 대통령은 국내경제가 어려운 상황에서도 70% 이상의 국민적 지지를 받으며, 20년 이상 장기집권을 하고 있다. 이것이 가능한 배경에는 러시아 국민들이 중앙집권적 거버넌스를 선호하기 때문이다. 이러한 정치적 선호에는 역사적 맥락이 있는데, 차르 러시아에서는 황제가 관료를 파견하여 광활한 영토를 직접 통치하는 것이 아니라, 봉건 귀족들에게 토지를 배분하여 간접적으로 통치하였다. 따라서 백성들은 귀족계급이 자신들을 착취한다고 느꼈지만, 차르에 대한 불만은 크게 없었다. 오히려 황제가 자신들의 고통을 알게 된다면 귀족들의 횡포를 가만두지 않을 것이라고 생각하였다. 오늘날에도 러시아 국민은 관료나 기업인 등을 착취계급이라고 생각하지만, 크렘린에 있는 푸틴 대통령을 원망하지는 않는다. 오히려 그에게 직접 청원하여 부정부패나 임금체불 문제 등을 해결하려고 한다.

사회적 맥락을 가지고 동서양을 비교하면, 동양은 고 맥락사회이고 서양은 저 맥락사회이다. 예를 들어 동양에서는 범죄자를 처벌할 때, 국민적 관심, 여론의 향방 등과 같은 사회적 맥락이 큰 영향을 끼친다. 정치인이 윤리적으로 잘못했을 경우 국민의 공분을 사게 되면 사법처리까지 당할 수 있다. 맥락은 사건을 직접 일으키지는 않지만, 결과의 폭을 결정한다. 실족했을 때 풀밭에서는 발목 정도가 부러진다면, 절벽에서는 생명을 잃을 수 있다. 부상 사고의 원인은 단순한 실족이지만, 생사를 결정하는 것은 풀밭 혹은 절벽이라는 공간적 맥락이다.

맥락은 간접적인 원인에 불과하지만, 결과에 중대한 영향을 미치는 배경에 해당한다. 사회적 의미체계가 유사한 동아시아 국가 간에도 맥락의 차이를 발견할 수 있다. 예를 들어 모계사회의 전통을 가진 국가에서의 정당정치는 가부장제 사회와는 다르게 전개될 수밖에 없다. 시민사회의 성장을 촉진하는 기부문화는 매주 헌금을 내는 기독교 사회와 그렇지 않은 유교 사회에서 서로 다르게 발달한다.

2 해석적 연구 방법이란 사회적 맥락을 찾는 것이다.

독일의 철학자 딜타이는 "자연 세계를 연구하는 학문의 목적은 설명이고, 인간사회를 연구하는 학문의 목적은 해석이다"고 말했다. 이것은 자연과학은 원인을 찾는 것을 중시하고, 사회과학에서는 배경을 찾는 것이 중요하다는 뜻이다. 해석적 방법이란 맥락을 파악하여 현상을 이해하는 것이다. 따라서 해석적 방법에서는 사회현상을 발생시킨 간접적 원인으로서 역사, 철학, 문화 등과 같은 배경적 요인이 중요한 변수로 다루어진다.

자연을 탐구하는 과학적 연구 방법은 객관성과 보편성을 추구하고 있다. 그러므로 객관성을 확보하기 위하여 수치를 중요한 분석 자료로 사용한다. 숫자는 진술보다 정확하다고 생각하기 때문이다. 또한 보편성을 확보하기 위하여 최대한 많은 사례를 한꺼번에 분석한다. 대량의 표본연구는 개별사례 연구보다 일반화의 가능성을 높여주기 때문이다.

많은 사례를 다루는 경우, 연구가 지나치게 복잡하고 거대해지는 것을 막기 위하여 변수를 줄일 수밖에 없다. 그런데 현실에서는 현상을 촉발하는 변수들이 서로 얽혀있는데, 그중에서 하나의 변수를 떼어내어서 독립적 존재로 다루게 되면 필연적으로 자신이 구성하고 있는 사회적 의미체계로부터 떨어져 나오게 되고, 맥락에서 잘려 나온 개별변수는 현실 세계와 동떨어진 박제와 같은 존재가 될 수 있다.

이처럼 과학적 연구 방법은 직접적인 촉발요인을 찾는 연구를 한다. 예를 들어 혁명의 발생 원인을 추적하는 연구에서 먼저 빈곤을 독립변수로 탐구한다. 그리고 만일 빈곤의 설명력이 떨어진다는 사실이 밝혀지면 폐기 처분하고, 증세를 새로운 연구대상으로 삼는다. 그 다음에는 경제 불황을 새로운 원인으로 탐구한다. 반면에 지역연구는 종속변수가 놓인 사회적 맥락을 중요시한다. 그리하여 빈곤, 증세, 경제 불황을 모두 포괄하는 경제난이라는 배경 요인을 독립변수로 간주하는 연구를 한다.

맥락은 변수들로 엮어진 하나의 실타래와 같다. 얽혀 있는 실타래를 풀어서 각각의 실이 가진 영향력을 찾아내는 것이 설명적 연구라면, 해석적 연구는 실의 역할을 한 올씩 규명하는 것이 아니라, 실타래 전체의 속성을 밝히려는 것이다. 마치 실타래처럼 정치, 경제, 사회, 문화, 역사적 변수가 원인으로 혼재하고 있다고 보는 해석적 연구는 학제적인 접근방식으로서 사회현상을 쪼개지 않고, 있는 그대로 종합적으로 이해하려고 시도한다. 그러기에 지역연구는 현실과 가깝고 실용성이 있는 것이다.

인간이 태어나면 구조화된 사회현실과 마주하게 된다. 일상을 통해 끊임없이 구조화된 사회현실을 인식하게 되고, 사회문화적 동질성을 체득한다. 그러므로 사회구성원에게 일상생활이란 동일한 인식체계, 가치관, 문화코드 등을 배우는 훈련장이라고 할 수 있다. 지역학이란 그 지역 고유의 일상생활에 내재한 문화를 이해하고, 이를 토대로 그 주민의 삶의 방식, 즉, 의식구조의 패턴을 추출하고 이렇게 추출된 의식구조를 지역의 정치, 경제, 사회 활동에 적용하여, 그 지역의 특수한 생활방식을 파악하는 지적 작업이다. 그러므로, 지역연구에서 현지 지식의 활용과 학제적 접근은 매우 중요한 연구 방법인 것이다.

해석적 연구 방법은 역사학에서 추구하는 시뮬레이션과는 다르다. 맥락연구는 실타래의 속성을 파악하는 것이지, 실타래의 모든 실을 한 올씩 정확하게 묘사하려는 것은 아니다. 역사학자는 역사적 사건을 원형대로 복원하는 것을 최고의 사명으로 생각한다. 고고학자는 궁궐터에서 수만 점의 벽돌 조각을 하나도 빠짐없이 소중하게 발굴한다. 또한 역사책에 한 줄로 기록된 사건들이 역사가들에 의해 대서사시로 복원된다. 역사가는 사건을 유발한 크고 작은 모든 독립변수를 중요시 한다. 지역연구의 선구자에 해당하는 선교사와 탐험가들은 자신이 방문한 오지의 생활상에 관하여 최대한 세밀하게 묘사한 견문록을 남겼다.

이처럼 역사적 설명은 두터운 묘사이며, 역사 이야기는 실타래에 관한 이야기와 같다. 설명적 연구가 실 한 올에 대한 분석이고, 역사적 연구가 실타래를 구성하는 모든 실에 관한 분석이라면, 해석적 연구는 실타래의 속성을 파악하려는 것이다. 프랜시스 베이컨은 "클레오파트라의 코가 1cm 낮았더라면 세계사가 바뀌었을 것이다"고 주장하는 역사가들을 비판하면서, 그녀의 미모는 당시의 역사적 대사건에 영향을 준 많은 요인 중의 하나에 불과하다는 점에서 한 올의 실 정도로 사소하게 보았다. 해석적 방법은 실타래에 관한 연구이지만, 사소한 원인에까지 관심을 가지고, 개별 실의 역할을 모두 확인하는 것은 아니다.

3 해석학적 연구사례

제국주의 일본이 메이지 유신 이후 청일전쟁, 러일전쟁, 중일전쟁, 태평양전쟁 등 연속적으로 전쟁을 한 이유는 무엇인가? 일본의 침략

전쟁 원인에 관한 분석 중에서 해석학적으로 흥미로운 연구는 일본인의 세계관과 전쟁관에서 전쟁 원인을 찾고 있다. 일본인의 중국과 서구에 대한 인식을 살펴보면, 먼저 중국을 야만적인 국가로 보았고, 중국 중심의 중화 질서에 비판적인 시각을 가졌으며, 일본 군부는 중국과의 전쟁을 중국 민중을 부패하고 억압적인 권력으로부터 해방하는 것이라고 자기 미화하였다.

또한 서구 제국주의에 대하여 일본은 그들이 아시아 대다수 국가를 식민지화한다고 비판하면서 동아시아의 리더인 일본이 아시아를 지켜야 한다는 시각을 가졌다. 그리하여 태평양 전쟁은 서양 열강으로부터 동아시아를 지키겠다는 일본의 비장한 전쟁이며, 대일 석유 수출금지 등 제재로 압박하는 미국과 영국의 일본 적대시 정책에 항거하는 정의로운 전쟁으로 생각하였다. 이러한 일본인의 세계관은 전쟁의 직접적인 원인은 아니지만, 지속적인 전쟁을 치를 수 있는 국민적인 원동력과 저력이 되었다는 것이다.

또 다른 해석적 연구를 소개하자면, 프랑스에서 발생한 일련의 무슬림 테러 사건의 배경 원인을 역사적 맥락에서 고찰한 분석이 있다. 프랑스는 난민이 대량으로 유입하고 각종 테러가 발생하자 우경화 경향을 보이기 시작하였다. 그리하여 대량 난민에 대한 국경폐쇄, 유럽 내의 자유로운 이동을 약속한 셍겐 협정에 대한 비판, 국가비상사태의 선포, 극우 정당의 약진 등 반 난민 현상이 발생하였다.

그런데 프랑스에서 급진 무슬림 테러사건과 극우정당의 부상 등의 현상이 발생하는 이유를 최근의 대량 난민과 이주민에 대한 차별에서 찾는 것이 아니라 알제리 전쟁이라는 역사적 기억에서 찾는 연구가 있다. 알제리는 130년 동안 프랑스의 식민지였고, 이 기간에 수많은 프랑스인이 알제리로 건너가서 현지화 되었기 때문에, 프랑스는 알제리를 자국의 해외영토로 생각하였다. 마치 미국이 하와이나 알래스카를 원주민들이 다수 거주하는 자국 영토라고 생각하는 것처럼, 프랑스인에게 알제리는 전혀 식민지라는 인식이 없었다. 그러므로 프랑스는 모든 보유 식민지의 독립을 용인하였지만, 알제리의 독립은 용납하기 어려웠다. 하지만 알제리 원주민은 독립을 위해 해방전쟁을 벌였고, 이 전쟁에서 패한 프랑스는 민족주의와 대국주의적 자존심에 커다란 상처를 받았다. 알제리는 프랑스가 끝까지 지키려고 했던 마지막 식민지였다.

이러한 맥락에서 극우 정당인 민족전선의 장 마리 르펜 대표는 프랑스에 거주하고 있는 알제리 이주민들은 프랑스 문화에 대한 동질감이 없으며, 사회적 동화가 불가능하다고 주장하며 차별적인 이미지를 확산하였다. 2015년 샤를리 에브도 테러 사건, 생드니 스타디움, 11구 카페, 바타클랑 극장 등에 테러를 가한 무슬림의 대다수가 알제리 출신이라는 점은 프랑스와 알제리의 오래된 이질성과 무관해 보이지 않는다. 이처럼 알제리 해방전쟁의 역사적 기억은 파리 테러와 극우 정당의 부상에 영향을 준 사회적 맥락이며 중요한 배경 요인이라고 할 수 있다.

이와 유사한 주제를 해석학적으로 분석한 연구가 있는데, 왜 스페인에서는 극우 정당이 크게 부상하지 않는지에 대한 이유를 역사적 맥락에서 찾고 있다. 이웃 유럽 나라들에 비하면 스페인에서는 극우 정당의 존재가 미미하다. 외국인 이주민의 비율과 실업률이 높아 극우 정당의 부상에 유리한 사회경제적 조건을 갖추고 있고, 선거제도를 보면 중·대선거구를 시행하고 있기 때문에 군소정당의 원내 진입이 쉽고, 주류 우파정당이 중도성향이어서 강한 우파성향의 유권자를 대변하지 못해 극우 정당이 부상할 수 있는 정치적 공간이 비어 있다는 점에서 정당구조적으로도 유리하지만, 극우 정당이 미약한 것은 역사적 맥락에서 배경 원인을 찾을 수밖에 없다는 것이다.

스페인은 과거 독립적이었던 왕국들이 합병하여 생겨났기 때문에, 지역 간의 문화적 격차가 크고 지역 정체성이 강한 나라인데, 프랑코 정권이 극우 민족주의를 국가이념으로 내세우고 스페인을 중앙집권적 국가로 개조하였던 역사적 경험이 있기 때문에, 오늘날 극우 정당들이 민족주의를 강조하면, 지역 분권적 정체성이 강한 스페인 주민들에게 과거 프랑코 정권의 권위주의적 억압을 상기시키기 때문에 유권자들의 지지를 받기 어렵다는 것이다.

다민족 국가인 말레이시아에서 민족 갈등을 음식 문화적 맥락에서 설명하는 분석도 해석학적 연구에 속한다. 이 연구는 말레이시아에 사는 말레이인과 중국 화인 간의 갈등요인을 돼지고기 소비에서 찾고 있다. 부르디외는 소비 습관이 일상생활에서 아주 중요한 의미가 있으며, 공동의 소비를 통해 공동의 정체성이 형성되고 결정된다는 아비투스(Habitus) 개념을 만들었는데, 이 개념에 따르면 동일한 음식문화를 공유하는 것이 공동 정체성 형성에 중요하며, 음식문화를 공유하지 않는 집단은 타자로 인식한다는 것이다.

말레이시아의 인구구성은 말레이인이 59%, 중국화인이 28%를 차지하는데, 중국 화인은 19세기 중반 이후, 영국의 식민지 개발정책을 위해 대규모로 유입되었고, 말레이인과 언어, 종교, 직업, 거주 공간 등에서 구분되어왔다. 말레이인은 민족 정체성을 강조하기 위하여 이슬람 신앙을 강화하였는데, 이러한 종교적 강화가 말레이인과 중국 화인 간에 돼지고기 소비의 극단적 분리를 가져왔고, 민족적 갈등을 증폭시킨 배경이 되어버린 것이다.

이슬람은 돼지고기를 불결한 것으로 취급하는 반면에, 화인에게는 가장 선호하는 육류이며, 제사나 명절 음식에 반드시 포함되어야 하는 중요한 전통 음식이다. 1940년대 말에 말레이인과 화인 간에 심각한 갈등이 발생했을 때, 화인들이 이슬람 모스크에 죽은 돼지 피를 뿌려 양측 간에 유혈사태가 발생하기도 했다. 이슬람의 종교적 교조주의가 다민족 사회에서 종족 간 갈등을 유발하는 사례는 다수 발견되지만, 음식 문화로 인해 갈등이 증폭된 사례는 말레이시아에서 발견되는 독특한 현상이다.

| 토론꺼리 |

① 사회적 맥락이란 무엇인가?
② 독일과 프랑스의 사회적 맥락은 어떻게 다른가?
③ 원인과 맥락의 차이는 무엇인가?
④ 설명과 해석의 차이는 무엇인가?
⑤ 해석학적 연구 방법에서 맥락은 어떠한 특징을 가지는가?
⑥ 일본이 무리하게 미국에 전쟁을 건 이유를 어떻게 해석할 것인가?
⑦ 프랑스에 사는 알제리 무슬림이 이웃 프랑스인에게 테러하는 사건을 어떻게 해석할 것인가?
⑧ 말레이시아에서 백 년 이상 함께 살아온 말레이인과 중국화인이 서로 반목하는 이유를 어떻게 해석할 것인가?

제6절
사회과학적 지역연구

1 과학이란 검증을 통해 원인을 탐구하는 연구 방법이다.

학문의 목적은 진리를 탐구하는 것이다. 진리 탐구에 해당하는 작업으로는 현상을 정확하게 묘사하는 일과 현상의 발생 원인을 찾는 일이 있다. 이 두 가지 작업 중에서 과학은 원인 탐구를 목적으로 하고 있다. 예를 들어, 자연과학은 태풍, 지진, 홍수, 가뭄 등 다양한 자연현상의 원인을 찾는 데에 관심이 있고, 사회과학은 혁명, 시위, 빈곤, 이혼 등 사회현상의 원인을 찾는 학문이다.

과학의 출발은 자연현상의 원인을 찾는 데에서 시작하였고, 사회현상을 연구하는 학자들도 현상의 원인 탐구에 관심을 가지게 되면서 사회과학을 추구하게 되었다.

물론 사회현상의 원인을 찾는 일은 고대와 중세와 같은 아주 오랜 옛날에도 있었지만, 그들은 검증을 중시하지 않았기 때문에 사회 철학자에 불과하였다. 과학이 되려면 원인을 찾는다는 목적과 검증이라는 수단을 활용하는 연구이어야 하는 것이다. 이러한 두 가지 특성을 활용하는 과학적 연구는 다음과 같은 단계로 이루어진다.

첫 번째 단계는 질문의 제기이다. 현상의 발생을 인식하고, 연구질문(research question)을 던지는 것이다. 이것을 쉽게 표현하여 퍼즐(puzzle)이라고도 하는데, 연구자의 호기심을 자극하는 궁금증에 해당한다. 예를 들어, 동남아 지역이 전공인 연구자의 경우 미얀마에서 혁명이 일어났다는 소식을 접하고, "왜 혁명이 일어날까?"라는 질문을 던지는 것이다. 이러한 질문은 연구자가 원인 탐구를 위한 자세를 가지고 있을 때 나오는 것이다.

두 번째 단계는 관련 가설의 확인이다. 모든 현상에는 다양한 원인이 있다. 그러므로, 연구자는 정확한 원인을 찾기 위해 먼저 자신이 탐구하는 현상의 모든 가능한 원인을 먼저 생각해보아야 한다. 그리고 검토된 후보군 중에서 어느 원인에 분석의 초점을 맞출 것인지 결정해야 한다. 예를 들어, 혁명의 원인을 찾는 경우, 최대한으로 많은 원인을 찾아내어 단순 열거하는 것이 아니라, 가장 중요하게 작용한다고 추정되는 하나의 원인을 선택하여 꼼꼼하게 검증해야 하는 것이다.

이때, 어떤 원인을 분석대상으로 삼을 것인지는 기존연구의 검토를 통해 결정한다. 왜냐하면, 이미 많은 연구자가 혁명에 관한 연구를 했기 때문이다. 역사적으로 프랑스, 러시아, 중국, 이집트 등에서 혁명이 일어났고, 이러한 사례를 토대로 혁명의 원인을 분석한 많은 연구 결과물이 있는 것이다. 그러므로, 연구자는 선행연구의 검토를 통해 그동안 혁명의 원인으로 어떠한 요인들이 다루어졌는지를 살펴보고, 미얀마의 경우에는 그중에서 어떤 원인이 중요하게 작용했다고 생각하는지 판단해야 한다. 이러한 이유에서, 모든 논문에는 선행연구의 검토가 필수적으로 들어가 있다.

세 번째 단계는 가설의 설정이다. 이것은 연구자가 특정한 원인을 분석대상으로 선정하는 작업을 말한다. 선행연구의 결과, 연구자가 가설을 설정하는 데에는 다양한 동기가 작용한다. 기존의 혁명 연구에서 가장 중요하다고 알려진 원인을 선택하여 미얀마 상황에도 적용되는지 확인하는 연구를 할 수 있다. 혹은, 그간 일부 소수 연구자에 의해 다루어진 원인이지만, 미얀마 상황을 가장 잘 설명할 수 있는 원인이라고 판단하여 연구할 수 있다. 이것은 학계의 주목을 별로 받지 못한 원인의 가치를 재발견하여 채택하는 것이며, 제3세계라는 성립조건에 적합한 원인으로 각광받을 수도 있다.

혹은, 기존의 연구에서 발견한 원인을 수정·보완하여 연구에 활용할 수도 있다. 예를 들어, 기존 연구에서는 빈곤이 혁명의 중요한 원인으로 간주하고 있는데, 연구자가 이 원인을 그대로 적용하는 것이 아니라, 빈곤의 개념을 절대적 빈곤과 상대적 빈곤으로 세분화하여 적용하는 것이다. 이러면 연구가설은 "혁명은 상대적 빈곤에 의해 발생한다"로 설정되는 것이다. 이처럼 가설 설정은 기존연구의 검토를 통해 이루어지기 때문에, 연구자가 선행연구에 관한 풍부한 지식을 갖고 있을수록, 참신하고 혁신적인 가설을 세울 수 있는 것이다.

네 번째 단계는 가설의 검증이다. 검증은 가능한 구체적이고 정확한 근거자료(evidence)에 의해 이루어져야 한다. 검증자료는 주로 관찰과 실험에 의해 수집되는데, 관찰은 자연 상태에서 특정한 현상이 발생하는 것을 목격하는 작업이지만, 실험은 그러한 현상이 발생할 수 있는 인위적인 환경을 만들어 목격하는 것이다. 따라서 실험은 관찰보다 현상을 훨씬 빈번하게 조사할 수 있는 장점이 있다. 자연과학이 사회과학보다 눈부신 발전을 한 이유는 바로 실험이라는 조사 방법을 통해 신속하게 많은 검증자료를 만들어낼 수 있기 때문이다. 이와 달리 사회과학에서는 현상을 실험하는 것이 어렵거나 비윤리적인 경우가 많다. 예를 들어 혁명을 실험할 수는 없다.

다섯 번째 단계는 검증이다. 가설이 원인에 관한 연구자의 추정이며, 상상력의 소산이라면, 검증은 그러한 추정의 진위여부를 경험적 자료를 통해 확인하는 절차이다. 검증을 제대로 하기 위해서는 최대한으로 많은 근거자료를 수집하여 제시할 필요가 있다. 검증 결과, 가설이 근거자료에 의해 충분히 입증되면 이론이 된다. 즉, 가설은 검증을 거쳐서 이론이 된다. 그리고, 이론이 수없이 반복된 검증을 모두 통과하여 반박의 여지가 없을 만큼 완벽한 경우에는 법칙이 된다. 법칙은 단 한 차례의 예외도 허용하지 않는다.

따라서 현상의 원인에 대한 연구자의 주장은 확증의 정도에 따라 가설, 이론, 법칙이라는 여러 가지 이름을 갖게 되는 것이다. 모든 연구자가 꿈꾸는 것은 법칙을 발견하는 것이며, 법칙을 발견한 과학자는 법칙에 자신의 이름을 붙일 수 있는 영광을 가지게 된다.

지식의 종류에는 과학적 지식, 권위적 지식, 전통적 지식, 상식 등 다양한 지식이 있는데, 이 중에서 검증을 가장 중시하는 지식이 과학적 지식이다. 권위적 지식은 학자나 정부 기관이 제공하는 지식이며, 전통적 지식은 오랜 세월에 걸쳐 전해 내려온 지식이며, 상식은 사회적으로 널리 알려진 지식이다. 이러한 지식은 진리일 가능성이 크지만, 아닐 수도 있다.

일반 대중은 학자의 학문적 권위를 믿고 그의 주장을 맹목적으로 수용하는 경우가 많다. 그리고 오랜 기간을 통해 많은 사람이 믿어온 지식이라고 해서 진리인 것은 아니다. 따라서 지식을 받아들일 때는 무턱대고 수용해서는 안 되며, 검증이라는 확인 절차를 거쳐서 수용하는 것이 과학적 자세이다.

이러한 맥락에서 과학적 연구 방법을 최초로 다룬 영국의 철학자 베이컨은 인간이 맹신하는 4가지의 우상, 즉, 종족의 우상, 동굴의 우상, 시장의 우상, 극장의 우상이 있다고 지적하면서, 개인적 체험이나 다수의 합의 등에 의존하여 진리를 판단하지 말고, 지식을 얻기 위해 직접 나서서 많은 자료를 수집하고 확인하는 검증작업에 시간과 노력을 쏟을 것을 권하였다. 이처럼 과학적 지식은 소비하는 지식이 아니라 생산하는 지식이다. 그리고, 과학자는 남의 지식을 맹목적으로 받아들이는 것을 거부하는 자세를 가져야 한다.

결론적으로 말하자면, 과학은 객관적인 검증의 토대 위에서 꽃피우는 학문이다. 수많은 과학자가 서로 경쟁적으로 검증을 통해 진실을 밝혀내는 학문이다. 그렇다면 과학의 생명이라고 할 수 있는 검증을 정확하고 엄격하게 하기 위해서는 무엇이 필요한가? 객관성과 검증가능성이다.

객관성이란 연구자의 이념이나 주관이 연구에 영향을 주면 안 된다는 원칙이다. 즉, 과학자는 사실에 충실해야 한다. 이것을 과학의 가치중립성 의무라고 한다. 이념은 주관적이며, 가치중립성이 결여되어 있다. 이념에 사로잡힌 연구자는 자신이 추구하는 이상이나 소망에 따라 사전 결론을 내리고 검증을 하지 않거나 혹은 자신의 주장을 뒷받침하는 데에 도움이 되는 선택적 검증을 한다. 이념은 사전에 결정된 주장이라는 점에서 검증을 해보아야 알 수 있는 이론과 다르다.

그런데 모든 개인의 판단은 주관적이므로 그 누구도 절대적인 객관성에 기반하여 연구할 수 없다. 따라서 과학이 추구하는 객관성이란 사실상 상호주관성이다. 상호주관성이란 각 개인의 주관적 판단을 종합한 후 도출된 최대 다수의 판단을 말한다. 개별 연구자들의 판단은 주관적이지만, 많은 연구자가 동일한 판단을 하게 되면 객관성이 커지는 것이다. 다시 말하자면 서로 일치하는 주관적 판단이 많아질수록 객관적이라고 보는 것이다. 따라서 객관성은 가장 많은 집단적 동의를 얻은 주관성이다. 이러한 점에서 볼 때, 한 개인이 "내가 객관적으로 판단할 때"라는 말은 자기모순이다. "내가 많은 사람의 의견을 듣고 객관적으로 판단할 때"라고 해야 한다.

그러므로 객관성을 확보하기 위해서는 개별 연구자의 검증이 축적되어야 하며, 그러한 검증작업이 동일한 조건과 절차에 의해 진행되어야 한다. 이것을 검증 가능성이라고 부른다. 검증 가능성이란 특정한 연구자가 검증을 통해 개발한 이론이 다른 연구자에 의해 검증할 수 있어야 한다는 것이다. 예를 들어 물은 섭씨 0도에 언다. 혹은 140g의 무게를 떨어뜨리면 시속 20m의 속도로 떨어진다고 말한다. 물은 추우면 언다. 혹은 가벼운 물체는 천천히 떨어진다. 이러한 이론은 검증이 어렵다.

검증가능성은 조사의 반복을 가능하게 해준다. 남이 검증할 수도 있고, 내가 반복 검증할 수도 있다. 유럽인의 다수는 지역통합에 찬성한다는 사실을 한번 확인하고 단정하는 것은 위험하다. 백번 정도 확인하는 검증 절차를 거친다면 확신할 수 있을 것이다. 많은 검증 결과를 제시할수록 탄탄한 연구 결과가 된다. 검증을 많이 할수록 연구 결과는 정확해지고 강력한 이론이 탄생할 수 있는 것이다. 법칙을 만드는 것도 가능해진다. 그리고 내가 백번 검증하는 것보다 이왕이면 백 명이 한 번씩 검증하는 것이 더 좋다. 왜냐하면, 내가 계속 반복해서 저지를지도 모를 편향적 오류를 막을 수 있기 때문이다.

2 이론이란 현상의 이해를 돕는 틀이다.

이론은 매우 복잡한 현상을 쉽고 간결하게 이해하기 위해 만들어진 틀이다. 그러므로 이론의 목적은 현상을 세밀하게 묘사하는 데에 있는 것이 아니다. 현상을 있는 그대로 재현하는 것은 많은 시간이 소요되며 비경제적이다. 사실, 사건 사고는 요약 과정을 거쳐야 이해와 전달에 유리하다. 학문의 세계에서 이론을 생산하는 이유는 수많은 현상을 간결하게 설명하기 위한 것이며, 많은 이론을 알수록 세상을 더 많이 이해하게 된다.

이론은 하나의 논리체계를 가지고 현상을 설명한다. 이것은 이론적 진술에는 체계성과 논리성이 필요하다는 것을 의미한다. 체계성이란 이론에서 원인과 결과를 명확하게 구분하여 밝혀주고 있다는 것이다. 즉, 원인과 결과는 이론 속에서 서로 독자적인 존재로 다루어진다. 논리성이란 원인과 결과 간에 합리적으로 이해할 수 있는 관계가 존재한다는 것이다. 그러므로 이론은 원인과 결과가 별개의 존재가 아니라 상호 간에 인과관계로 연결되어 있다는 사실을 밝히고 있다.

간결성의 수단은 추상화이다. 추상화는 많은 정보를 간결하게 정리해서 연구자의 이해를 돕고, 남을 이해시키는 수단이다. 마키아벨리는 로렌초 데 메디치에게 "군주론"을 바치면서 "제가 오랫동안 고생하면서 익히고 알게 된 것을 전하께 짧은 시간에 이해하실 수 있게 해드리는 것이 제가 드릴 수 있는 최고의 선물이라고 생각합니다"라고 말했다. 그는 군주에게 필요한 핵심적인 행동강령을 군주론에 담았는데, 군주는 선해야 하지만, 나라를 위해 필요한 경우에는 악행도 감행할 수 있어야 한다고 주장하였다. 마키아벨리는 군주의 길에 관하여 하고 싶은 말이 아주 많았지만, 핵심을 간추려 최대한으로 간결하게 전달하려고 노력했다. 이를 위해 핵심내용은 살리고 지엽적인 내용은 버렸다. 이러한 작업이 추상화이다.

　추상화는 복잡한 사실을 단순화시키는 작업이다. 그것은 사실을 있는 그대로 묘사하는 것에서 탈피하기 시작한 19세기 후반의 미술계에서 일어난 일이다. 사실화에서 추상화로 미술사조가 변한 것이다. 산업화로 인하여 사회가 과거보다 복잡해지고 이해하기 어려운 기술문명이 발달하면서, 사람들은 간결함을 갈망하게 되었다. 추상화는 지엽적인 묘사는 생략하고, 가장 본질적인 사안만을 추출하는 노력이며, 이것은 복잡한 현상을 최대한으로 압축하여 핵심을 꿰뚫어 보려는 시도이다.

　이론을 만들어내는 데에는 다양한 연구 방법이 있으며, 모든 이론이 과학적 방법으로 생산되는 것은 아니다. 이론에는 과학이론도 있지만 비과학적인 이론도 있다. 예를 들어, 신학에서 신의 모습을 기술하는 삼위일체론은 검증 절차를 거쳐서 얻은 이론이 아니기 때문에 과학이론은 아니다. 신학은 보지 않고도 믿는 것을 중시하기 때문에, 검증이 아무런 의미가 없으며, 과학적 연구 방법을 사용하지 않고 이론을 생산하는 분야이다. 이처럼 이론은 인간이 현상을 쉽게 이해할 수 있도록 해주는 간편한 논리적 진술이다. 그리고 과학은 이론이라는 결과물을 생산하는 하나의 연구 방법이다.

3 이론은 개념에 의해 구성된다.

"혁명은 빈곤에 의해 발생한다"라는 이론에는 "혁명"과 "빈곤"이라는 두 가지 개념이 들어있다. 이처럼 개념은 이론을 구성하는 요소이며, 이론은 개념에 의해 구성되고 조합된 진술이다. 개념은 이론 속에서 변수로 쓰인다. 변수에는 여러 가지 종류가 있지만 가장 기본적으로 종속변수와 독립변수가 있다. 종속변수는 현상의 결과이다. 결과는 스스로 생겨날 수 없고 원인에 의해 결정되기 때문에 종속변수라고 명명한 것이다. 원인 없는 결과는 존재하지 않는 것이다.

독립변수는 종속변수의 발생에 영향을 준다는 점에서 원인적 성격을 가지지만, 모두 원인은 아니다. 즉, 독립변수 중에는 원인도 있고 원인에 해당하지 않는 것도 있다. 종속변수를 초래하는 독립변수 중에서 원인 요인이 가장 강력하지만, 원인에 해당하지 않음에도 불구하고 종속변수의 발생에 영향을 미치는 요인도 있기 때문이다. 이론에서 사용되는 독립변수는 원인요인과 상관요인을 포함하여 종속변수의 발생에 영향을 미치는 모든 요인을 포괄한다.

모든 개념은 변수가 될 수 있는데, 연구자의 선택에 의해 종속변수로 사용될 수 있고, 독립변수로도 사용될 수 있다. 예를 들어, 빈곤이 혁명의 원인이지만, 빈곤이 저성장에 의해 초래된다는 이론에서는 결과가 된다. 이처럼 이론을 구성하는 요소로서 개념은 연구자에 의해 변수로서의 다양한 역할을 부여받는 것이다.

일반적으로 종속변수는 y로 표기하고, 독립변수는 x로 표기한다. 따라서 이론은 $y=f(x)$라고 표기할 수 있다. 이 수식은 x라는 독립변수에 의해 y라는 현상이 초래된다는 의미가 있다. 그런데, 모든 현상에는 한 개 이상의 원인이 존재한다. 따라서 위의 이론 수식을 새롭게 표기하면 y=f(x1, x2, x3.....)가 되는 것이다.

이 경우 연구자가 모든 원인을 한꺼번에 분석하는 것은 복잡하기 때문에, 가장 중요하다고 판단되는 몇 개의 원인을 선정하여 가설을 설정하고 검증 절차를 거치는 것이다. 만일 x1을 선택하게 되면, 나머지 원인은 분석대상으로 고려되지 않기 때문에 통제변수가 되는 것이다. 혹은 연구자가 x1 대신 x2를 독립변수로 선택하고 나머지 변수들을 모두 통제할 수도 있다. 혹은 x1과 x2 두 개를 독립변수로 선택할 수도 있다.

연구자는 종속변수와 독립변수를 선택함으로써 이론모형을 만든다. 가장 간단한 이론모형은 x1 → y이다. 이것은 독립변수 x1이 종속변수에 영향을 준다는 의미이다. 독립변수가 2개인 모형을 만들 수도 있다. x1 → y ← x2 라는 모형은 두 개의 원인이 함께 종속변수에 영향을 미친다는 것을 의미한다. 이론모형에는 x1 → x2 → y 라는 형태도 있는데, 이 경우 x2는 매개변수라고 불린다. 매개변수란 독립변수 x1의 영향력을 강화하거나 약화하는 필터링의 역할을 하는 변수이다.

4 이론화 작업은 개념의 구축에서 출발한다.

이론은 개념으로 구성되어 있으므로 개념의 구축 없이는 이론화 작업이 불가능하다. 개념이란 현상의 속성을 지칭하는 용어이다. 그러므로 우리가 사용하는 모든 용어는 개념이다. 폭력적 집단행동을 가리키는 개념으로써 폭동, 반란, 쿠데타, 혁명 등이 있다. 사회가 복잡다단하게 발전하고 그에 상응하는 연구가 이루어질수록 많은 새로운 개념이 생겨나며, 전문가일수록 개념을 사용하여 신속 정확하게 의사소통을 한다.

헤겔은 "인식이란 머릿속의 추상적 개념과 현실 세계의 현상을 일치시키는 작업"이라고 말했다. 즉, 인간이 혁명이라는 개념을 알고 있어야 그러한 현상이 발생하면 현실을 파악하고 이해하게 된다는 것이다. 그러므로 개념을 배우는 것은 새로운 언어를 익히는 것이고, 더욱 많은 현상을 이해하는 것이다. 이러한 관점에서 비트겐슈타인은 "언어의 한계가 사고의 한계"라고 말했다.

자연과학에서는 개념을 부호로 사용한다. 그리하여 속도는 s(speed), 거리는 d(distance), 시간은 t(time)로 축약한다. 그 이유는 이론을 수식으로 간편하게 표현할 수 있기 때문이다. 자연과학에서는 문장보다 수치로 가설을 검증하기 때문에 수식이 매우 유용하게 쓰인다. 반면에 사회과학에서는 추상적인 개념을 많이 사용한다. 자연현상은 구체적이고 경험적이지만, 사회현상은 수치로 표현하기 어렵기 때문이다.

사회과학에서는 특정 개념이 어떠한 현상을 지칭하는지 명확하게 알려주는 개념화가 중요하다. 개념화란 개념이 가지고 있는 속성을 범주화하고, 범주화된 속성을 측정하기 위한 지표를 제시하는 일련의 과정이다. 이를 위해 개념화는 개념 정의와 조작 정의라는 두 가지 절차를 포함한다.

먼저 개념 정의는 개념의 속성이 적용되는 범위를 설정하는 것이다. 예를 들어, 사회계층이라는 개념을 "물질적 혹은 상징적 보상의 차별로 인해 발생하는 구조화된 불평등"이라고 정의할 수 있다.

그런데 개념을 사용하기는 쉽지만, 개념을 정의하는 것은 어렵다.

우리는 민주주의를 매일 말하지만, 민주주의의 개념 정의를 쉽게 하지 못한다. 그것은 워낙 다양한 상황에서 민주주의라는 용어를 사용하여 그 개념이 너무나 포괄적인 성격을 갖게 되었기 때문이다. 즉, 민주주의라는 속성을 가진 현상이 너무 많다는 것이다.

그러므로 개념 정의에 모든 관련 내용을 담을 수는 없다. 연구자에 따라 민주주의를 "자유로운 선거가 보장된 체제"라고 절차적 관점에서 개념 정의하는가 하면, "정치참여가 보장된 체제"라고 참여적 관점에서 개념 정의를 내리기도 한다. 이처럼 개념은 대체로 포괄적이기 때문에 모든 속성을 담아 정의하는 것보다 연구자가 관심 있는 개념의 특징을 잘 드러내는 방식으로 개념 정의하는 것이다. 이러한 점에서 개념 정의는 연구자가 분석대상에 접근하는 방향을 선언하는 것이며, 자신의 분석 시각을 밝히는 역할을 한다.

둘째, 조작 정의는 개념 정의를 통해 설정된 개념의 속성을 측정할 수 있는 지표를 제시하는 작업이다. 위에 예시한 사회계층의 개념 정의에 따라 불평등한 보상을 측정할 경우 소득, 권한, 지위 등이 지표로 제시될 수 있을 것이다. 그런데 조작 정의를 위한 측정 지표를 만들어 구성할 때 배타성과 포괄성의 원칙을 지켜야 한다. 예를 들어, 소득, 재산, 소비를 함께 측정 지표로 사용할 경우 부분적으로 중첩되는 동시에, 물질적인 보상만을 측정하는 단점을 갖게 될 것이다. 중첩적으로 측정하는 지표를 제시하는 것은 배타성의 원칙을 어긴 것이고, 물질적인 보상만을 측정하는 작업은 포괄성의 원칙을 어긴 것이다.

사회현상을 측정할 때, 모든 현상을 양적으로 측정할 수 있다는 계량주의적 입장을 취하는 연구자도 있지만, 반드시 정량적으로 측정해야 하는 것은 아니다. 정성적으로 측정하는 연구자도 다수 존재한다.

이들은 정량 지표 대신에 명목 지표나 등간 지표를 사용하여 측정한다. 물론 정성 지표로 측정하는 것보다 정량 지표로 측정할 경우 더 심도 있는 정보를 제공하기 때문에, 엄격한 검증작업을 할 수 있다는 장점이 있다. 그러나 사회현상을 자의적으로 정량화할 경우 현상의 본질을 왜곡할 수 있어서 무리하게 정량 지표를 사용하는 것은 문제를 야기할 수 있다.

개념 정의와 조작 정의라는 두 가지 작업을 통해 개념화는 추상적인 개념과 구체적인 현상을 연결하는 교량의 역할을 하게 된다. 추상성의 수준에서 보면 개념은 가장 추상적이고, 개념 정의는 추상성과 구체성의 중간 위치에 있는 작업이며, 조작 정의는 가장 구체적인 작업이다. 그러므로 개념화 작업을 통해 추상적인 개념은 점차 구체화하고, 경험적이고 실증적인 지표에 의해 측정 가능해지는 것이다. 연구자가 이론 개발을 위한 변수로 사용하기 위하여 개념을 선택하였을 때에 추상적이고 막연하였던 상태에서 개념 정의와 조작 정의를 거치면서 개념은 측정가능한 단계로 구축되는 것이다.

개념은 끊임없이 다른 개념과 연결되어 수많은 이론을 만들어낸다. 그러므로 모든 개념은 서로 이론으로 연결되고 거대한 이론적 체계망을 구축하게 된다. 이론망 내에는 수많은 개념이 존재하고 있는데, 모든 개념이 연구자들에 의해 주목받고 분석의 대상이 되는 것은 아니다. 많은 이론에서 활용되는 개념이 있는가 하면, 정반대로 거의 사용되지 않는 개념도 있다. 연구자의 관심을 많이 받는 개념은 이론적 연계가 강해지고, 이론적 의미도 커지게 된다. 그리고, 이론이 혁신적인 연구를 통해 새롭게 수정·보완되어야 한다는 아이디어가 생길 때, 이것을 이론적 함의라고 부른다.

이론 개발을 위해서는 반복된 검증이 필요하고, 상호 검증을 하기 위해선 개념 정의가 통일되어야 할 필요가 있다. 이와 동시에 개념 정의는 개방되고 다원화될 필요도 있다. 기존 연구와 달리 현상에 대한 개념 정의를 새롭게 하는 것은 기존의 현상을 새로운 시각에서 바라보고 분석하겠다는 혁신적인 연구 자세이기 때문이다. 이러한 점에서 개념 정의는 연구자의 권리이며, 기존의 개념 정의를 추종할 의무는 없다.

5 인과관계의 요건은 순차성, 공변성, 탈허위성이다.

독립변수와 종속변수를 포함하고 있는 이론은 인과관계의 규명을 목표로 한다. 인과관계는 독립변수는 원인, 종속변수는 결과의 역할을 할 때 정립된다. 그런데 연구자가 원인이라고 추정하고 독립변수를 설정하더라도, 그것이 진정한 원인이 아닐 수가 있다. 인과관계가 성립하기 위해서는 3가지의 원칙을 충족해야 한다. 다시 말하자면, 인과관계를 규명한다고 주장하는 이론은 독립변수와 종속변수 간의 순차성, 공변성, 탈허위성을 만족시킬 때, 이론적 타당성을 갖게 되는 것이다.

순차성이란 독립변수가 종속변수보다 시간상으로 앞서 발생해야 한다는 것이다. 왜냐하면, 독립변수는 원인에 해당하고 종속변수는 결과이기 때문이다. 결과가 원인보다 먼저 발생할 수는 없다. "아니 땐 굴뚝에 연기 나랴?"라는 속담처럼 원인이 발생해야 결과가 생겨날 수 있는 것이다.

그런데, 원인이 결과보다 앞선다고 해서 반드시 시간의 순차성 원칙이 충족되는 것은 아니다. 독립변수가 즉각적으로 종속변수를 발생시키기도 하지만, 독립변수와 종속변수 간에 어느 정도 시간적 간격(time lag)이 필요한 경우도 있다. 예를 들어, 기업에 대한 투자가 이루어진 직후에 생겨난 성과를 투자의 결과라고 보기 어렵다. 왜냐하면, 기업의 성과는 투자한 후 일정한 시간이 지나야 생겨나기 때문이다. 그렇다면 원인이 결과를 발생시키는 데에 얼마만큼의 시간이 필요할까? 이것은 연구자의 합리적 판단에 의해 결정해야 하며, 다른 연구자의 묵시적 동의를 구하면 된다.

공변성이란 독립변수와 종속변수가 함께 변화해야 한다는 것이며 독립변수가 커지면, 종속변수도 커져야 한다. 예를 들어 소득이 높을수록 보수성향을 보이고, 낮을수록 진보성향을 보이면 공변성이 존재하는 것이다. 그런데 만일 소득이 낮은 사람이나 높은 사람이나 똑같이 보수적 성향을 보인다면, 변수 간에 공변성이 없기 때문에, 소득이 이념 성향에 영향을 미치는 원인이라고 주장할 수 없다.

독립변수가 커질 때, 종속변수가 작아지는 것도 공변성의 원칙을 충족시킨다. 이 경우에는 역방향의 공변성을 보이는 것이다. 예를 들어, 소득이 높을수록 종교를 갖지 않는 것처럼 소득과 신앙심은 상반된 방향으로 움직일 수 있다. 이처럼 공변성이란 두 변수의 변화가 일정한 규칙성과 방향성을 보인다는 것이다.

순차성과 공변성은 비교적 쉽게 확인할 수 있는 원칙이지만, 탈허위성은 표면적으로 드러나지 않기 때문에, 연구자가 제대로 간파하지 못하는 경우가 종종 있다.

탈허위성은 상관관계와 인과관계가 일치한다는 사실을 확인해주는 원칙이다. 상관관계란 독립변수와 종속변수 간에 공변 규칙성을 보이는 관계를 말한다. 그런데 상관관계가 있다고 해서 인과관계가 성립한다고 할 수는 없다. 상관관계가 있는 두 변수 간에 인과관계가 없는 경우도 있다.

예를 들어, 여름철에 아이스크림 판매량과 범죄 발생률이 함께 증가하는 공변성을 보이면 상관관계가 있다고 말할 수는 있지만, 인과관계가 있다고 할 수는 없다. 왜냐하면 아이스크림 판매가 범죄의 원인이 될 수 없기 때문이다. 이 경우 진정한 원인은 따로 있는 것이며, 여름이라는 계절적 요인이 아이스크림 판매와 범죄 발생에 함께 영향을 주는 숨겨진 변수이다. 아이스크림은 독립변수가 아니라 범죄와 함께 종속변수이며, 두 변수 간에 인과관계가 존재한다고 말하는 것은 허위적인 주장이다.

따라서 인과이론을 수립할 경우, 먼저 두 변수 간에 상관관계가 있는지를 살펴보고, 그 이후에, 변수 간에 존재한다고 추정하는 인과관계가 허위적인 것은 아닌지 반드시 검토할 필요가 있다. 인과관계는 어느 변수가 원인이고 어느 변수가 결과인지 알 수 있다. 변수의 영향력이 한 방향으로 작용하는 관계인 것이다. 하지만 상관관계는 양 변수가 서로 연계되어 있지만, 영향력의 방향성을 구별하기 어렵다.

6 과학이론의 목적은 설명과 예측이다.

설명이란 현상의 원인을 드러내 밝힘으로써, 인과관계를 규명하는 작업이다. 이러한 이유로, 설명이론은 독립변수와 종속변수를 가지고 있고, 두 변수 간의 인과 생성경로를 보여준다. 이론 중에서 독립변수가 없는 이론은 설명능력이 없다. 과학이론은 대체로 원인 탐구를 목적으로 하므로 독립변수가 있고, 설명능력을 갖추고 있다.

그런데 사회과학 이론이 다루는 현상은 시간과 공간 등과 같은 환경의 영향을 받기 때문에 이러한 성립선행조건이 변화하면, 이론의 적용 가능성이 떨어진다. 그러므로 사회과학 이론에서는 예외 없는 법칙은 드물고, 특정한 성립선행조건에서만 적용되는 확률적 성격을 가진다.

이처럼 성립선행조건에 따라 다양한 이론이 존재하기 때문에 사회과학에서는 이론이 경쟁적으로 병존하는 경우가 많다. 예를 들어 혁명의 원인에 관한 설명에서 경제적 빈곤이 혁명을 일으키는 유일한 원인이 되기 어렵고, 상황에 따라 사회적 불평등, 정치적 억압 등도 원인으로 작용하기 때문에, 혁명의 경제적 이론, 사회적 이론, 정치적 이론이 서로 설명력 경쟁을 하게 된다.

예측이란 특정한 현상이 도래할 것이라고 예견하는 힘이다. 이것은 이론에 기반하여 이루어지며, 특히 과학이론은 정확한 예측을 가능하게 해준다. 과거의 수많은 경험 연구를 통해 폭동의 원인이 상대적 빈곤이라는 결론을 도출하게 되면, 앞으로 상대적 빈곤이 커지는 시점에 폭동이 발생한다는 것을 예견할 수 있는 것이다. 그러므로 이론은 인과관계의 경로를 활용하여 과거 현상을 설명하고 미래 현상을 예측하는 것이다. 즉, 사회과학자는 설명을 통해 예측을 할 수 있는 능력을 갖추게 되는 것이다. 설명과 예측은 동일한 인과관계의 표현이지만, 설명은 과거의 인과관계 그리고 예측은 미래의 인과관계를 표현하는 작업이다.

예측의 기능을 살펴보면, 첫째, 이론의 유효성을 점검하는 수단으로 활용될 수 있다. 즉, 과거에 발생한 현상은 잘 설명하지만, 미래의 발생 가능성을 예측하지 못하는 이론은 설명능력이 약하고 보다 정교하게 발전시킬 필요가 있는 것이다. 둘째, 예측은 정책개발에 도움을 준다. 이론에 기반 하여 정책을 만들게 되면 원하거나 원치 않는 현상의 발생을 예측할 수 있기 때문에 그러한 현상의 발생 원인을 강화하거나 제거함으로써, 정책효과를 볼 수 있는 것이다. 예를 들어, 청소년 일탈의 원인이 아동학대에 있다는 사실을 설명하는 이론에 기반하여 청소년의 일탈을 줄이기 위해 아동학대를 줄이면 추구하는 정책효과를 보게 될것이다.

사회문제의 해결 방법에는 정책처방과 정책분석이 있는데, 위에서 설명한 바와 같이 미래에 발생할 수 있는 사회문제를 예방하기 위해 그 원인을 제거하는 것을 정책처방이라고 부른다. 정책분석은 여기서 한 걸음 더 나아가서, 여러 정책 간의 효과를 비교하는 것이다. 정책효과를 비교하는 방법은 각 정책을 뒷받침하는 경쟁이론들을 서로 비교하는 것이다. 그리하여 가장 강력한 영향력을 가진 원인을 규명한 이론에 기반 하여 수립된 정책이 가장 정책효과가 크다고 판단하는 것이다.

설명이론이 미래를 완벽하게 예측할 수는 없다. 예측의 불안정성 때문에 자연과학조차도 미래 예측을 확률을 통해서 한다. 예를 들어, 일기예보의 경우 내일 비가 온다 혹은 오지 않는다고 단정적으로 말할 수 없다. 그렇다고 해서, 내일 비가 올 가능성이 있다고 말하는 것도 별로 도움이 되지 않는다. 이러한 예측은 비가 와도 맞는 예측이고, 비가 오지 않아도 맞기 때문이다.

그러므로, 비가 올 확률이 예를 들어 50%라고 예측해야 한다. 이처럼 확률을 사용하는 구체적인 예측이 우리 사회에 도움이 된다. 야외결혼식을 계획하는 신혼부부는 비 올 확률이 절반이나 된다고 하면 아마 포기할 것이고, 반면에 축구 시합을 계획하는 동아리는 비 올 확률이 절반에 불과하다면 그냥 시합을 감행할 것이다. 과학자의 역할은 구체적이고 정확한 예측을 하는 것이고, 일반 사람들은 자신들의 상황에 따라 그 예측을 활용하게 되는 것이다. 정확한 예측이란 비가 올 확률이 40%라고 100회 말했을 경우, 40회 비가 오고 60회는 비가 오지 않아야 한다.

일반적으로 과도한 일반화는 예측 실패를 가져온다. 특히 사회과학 이론은 성립선행조건에 큰 영향을 받는다. 그럼에도 불구하고 사회과학자들은 자신의 이론이 시공간을 뛰어넘어 다양한 국가와 문화권에서도 적용되기를 소망한다. 그런데 이론의 적용범위를 시공간적으로 확장할수록 이론의 설명력은 점차 떨어지고 이와 함께 미래 예측도 어려워지는 것이다.

지역학은 이론의 적용범위를 국가 혹은 지역 단위로 제한하는 학문이다. 즉, 이론의 과도한 일반화를 추구하지 않고, 지역이라는 중범위에서 유효한 이론을 생산하는 것을 목표로 하는 학문이다. 따라서 순수 사회과학에 비해 적용 범위는 좁히고 설명과 예측 능력은 높이는 태도를 보이고 있다.

7 지역연구에는 단일변수 이론이 많다.

단일변수 이론이란 종속변수만 있는 이론을 말한다. 이론이 인과관계를 설명하는 능력을 갖추기 위해서는 독립변수와 종속변수를 가지고 있어야 한다. 그런데 종속변수만을 다루는 이론은 인과관계를 규명할 수 없고, 특정한 현상을 서술하는 능력만 가지는 것이다. 단일변수 이론은 서술을 목적으로 한다.

예를 들어 "중산층은 보수성향을 보인다"는 단일변수 이론이다. 이 이론은 보수성향이라는 하나의 변수만을 가지고 있기 때문이다. 이 이론에서 중산층은 변수가 아니라 특정한 계층을 지칭하는 개념에 불과하다. 특정한 속성을 가진 사회계층을 언급한 것이다.

반면에 "소득이 높을수록 보수성향을 보인다"는 다변수 이론이다. 왜냐하면 이 이론에는 소득과 보수성향이라는 두 개의 변수가 존재하기 때문이다. 소득이 변화하면, 이념이 변화한다는 인과관계를 찾아낸 것이다. 이 이론에서 중산층은 고소득층보다는 진보적이고, 저소득층보다는 보수적이라는 사실을 암시한다.

이처럼 단일변수 이론은 현상을 서술하는 기능을 하고, 다변수 이론은 인과관계를 규명하는 설명기능을 갖는다. 그런데 지역학에서는 현상의 원인을 찾는 노력보다 특정 국가에서 나타나는 특이한 현상을 분석대상으로 삼고 두텁게 묘사하는 데에 치중하고 있다. 이것은 지역학이 여행 견문록에 뿌리를 둔 인문학적 전통을 갖고 있기 때문이다.

과거에는 외국의 사정을 제대로 묘사하여 전달하기도 힘들었기에, 이국적 현상의 원인까지 설명할 여력이 없었다. 하지만, 오늘날 세계화 시대에 수많은 사람이 해외여행을 하거나 거주한 경험이 있기 때문에, 외국사정을 국내에 단순 소개하는 것이 더 이상 지역학의 사명이 될 수 없다. 해외를 방문한 사람들이 경험해서 잘 알고는 있지만, 그 원인은 잘 알지 못하는 특이한 현상을 설명해주는 역할을 떠맡아야 할 것이다. 이러한 관점에서 지역학은 그동안 단일변수 이론을 주로 생산하는 학문에서 앞으로 점차 다변수 이론을 생산하는 학문으로 변화 발전해야 할 것이다.

지역학이 인문학 중시에서 점차 사회과학으로 무게중심을 옮기는 배경에는 해외 사정을 소개하는 데에 그치는 것이 아니라 발생 원인까지 설명하는 새로운 학문적 사명을 떠안고 있기 때문이다. 그러므로 서술은 인문학적 방법으로, 설명은 사회과학적 방법을 활용함으로써 두 가지 학문 분야를 모두 잘 활용할 필요가 있다.

8 지역연구는 주로 중범위 이론을 생산한다.

이론이 설명능력을 발휘하는 시간적, 공간적 범주를 성립선행조건이라고 한다. 가장 좋은 이론은 시공간을 초월하여 보편적으로 적용되는 일반이론이다. 하지만, 시간이 흐르고 장소가 바뀌면 개발된 이론의 적용 가능성은 줄어들기 마련이다. 이러한 이유로 특정 국가에서 만들어진 이론이 다른 국가에서는 적용되지 않는 경우가 많다.

자연과학에는 일반이론이 많다. 예를 들어, 비행기가 날아오르는 것은 공기의 속도가 빨라질수록 공기의 압력이 높아진다는 이론을 적용하여 날개를 제작하기 때문인데, 이처럼 공기의 속도와 압력이라는 두 변수 사이의 인과관계는 국가와 상관없이 모든 나라의 비행기에 적용된다.

　사과나무에서 사과가 떨어지는 이유를 규명한 뉴턴의 만유인력 법칙은 지구상에 있는 모든 과일나무에 적용되고, 더 나아가 지구와 달 사이의 역학관계까지 확장하여 설명할 수 있다. 이처럼 자연현상을 설명하는 과학이론은 일반화가 쉬운 편이다.

　하지만, 사회현상의 경우에는 설명의 일반화가 상대적으로 어렵다. 대통령 당선의 결정요인이 미국, 한국, 러시아 등에서 모두 다를 가능성이 높다. 각 나라의 역사 문화적인 맥락이 다르기 때문이다. 사회과학에서는 특정한 상황을 매우 정확하게 설명하는 이론이 다른 상황에서는 설명력이 약해지는 경우가 많다. 그러므로 사회과학 이론은 서로 다른 문화권과 언어권에서는 적용하기 어려우며, 따라서 보편성을 확보하기 힘든 것이다.

　사토리는 이론의 유형을 일반화의 정도에 따라 일반이론, 중범위이론, 협범위이론으로 나누고, 이것을 추상화 사다리라는 개념으로 설명하고 있다. 우리는 사다리를 타고 높이 올라가면 먼 곳까지 넓게 볼 수 있지만, 건물과 사람의 모습이 개미처럼 보이고, 정확하게 알기 어렵다. 이것은 일반이론에 비유된다. 일반이론은 보편적 설명력을 확보하기 위하여 고도의 추상성을 활용하지만, 이러한 간결성을 얻기 위해 지엽적인 사실을 도외시하게 되는 것이다. 반면에, 사다리의 낮은 곳에서 세상을 바라보면 자세히 볼 수는 있지만, 넓게 보기는 어렵다. 이것은 협범위이론에 해당하며, 다양한 변수를 소개하고 현상을 두텁게 묘사할 수 있다.

　지역연구의 결과물은 주로 중범위 이론에 해당한다. 왜냐하면, 지역연구를 통해 생산된 이론의 적용 범위는 특정한 국가 혹은 지역 규모이기 때문이다. 예를 들어 중국 사회에서 나타나는 연고주의를 설명하는 꽌시가 주변의 한국과 일본에도 적용되는지를 검증하고, 이론적 확장을 시도해 볼 수는 있겠지만, 더 이상의 일반화는 쉽지 않은 것이다. 이러한 점에서 지역연구는 주로 국가를 상대로 이론을 만들고, 그 국가가 속한 문화권에도 적용이 되는지를 검증하여 이론의 적용 범위를 지역까지 확장하는 노력을 하고 있다.

이론의 유형을 성립선행조건이 아닌 분석단위를 기준으로 분류할 수 있는데, 이 경우 분류할 수 있는 이론의 유형으로는 거시이론, 중범위이론, 미시이론이 있다. 거시이론이란 연구대상을 공간적으로는 전 세계를 다루고, 시간상으로는 하나의 시대를 다룬다. 예를 들어, 월러스타인의 세계체제론 이나 맑스의 계급투쟁역사론 등이 이에 해당한다. 이러한 이론은 설명이나 예측보다 서술이 주목적이기 때문에 이론이라기보다는 시각이나 이미지라고 부르는 것이 더 적합하다. 반면에 미시이론은 주로 개인이나 집단을 연구대상으로 한다. 경제학의 경우 소비자 혹은 기업의 행태에 관한 연구가 이에 해당한다. 소비자와 기업은 미시적인 경제주체이다. 이에 반해 지역연구는 중범위 이론에 해당한다. 왜냐하면, 분석단위가 주로 국가이며, 경우에 따라 지방이나 지역이 분석대상이기 때문이다.

| 토론꺼리 |

① 과학이란 무엇인가?
② 관련 가설을 확인하기 위해 무엇을 해야 하는가?
③ 가설 설정은 어떻게 이루어지는가?
④ 가설, 이론, 법칙의 차이를 설명하세요.
⑤ 이론이란 무엇인가?
⑥ 과학적 지식과 비과학적 지식의 차이를 설명하세요.
⑦ 객관성을 설명하세요.
⑧ 추상화란 무엇인가?
⑨ 과학과 이론의 차이를 설명하세요.
⑩ 독립변수와 종속변수의 차이를 설명하세요.
⑪ 통제변수란 무엇인가?
⑫ 개념이란 무엇인가?
⑬ 개념 정의와 조작 정의의 차이를 설명하세요.
⑭ 개념화의 교량화 역할이란 무엇인가?
⑮ 이론망이란 무엇인가?
⑯ 인과관계를 추정할 수 있는 3가지 원칙을 설명하세요.
⑰ 설명과 예측의 차이를 설명하세요.
⑱ 과학은 예측을 확률로 한다는 의미를 말하세요.

⑲ 단일변수이론을 예를 들어 설명하세요.

⑳ 지역학에서 단일변수이론을 많이 생산하는 이유를 말하세요.

㉑ 이론의 일반화를 기준으로 분류한 이론의 유형은 무엇인가?

㉒ 이론의 분석단위를 기준으로 분류한 이론의 유형은 무엇인가?

제3장
지역연구 분석전략

제7절
지역연구 사례분석

1 사례분석은 1개의 사례를 두텁게 묘사한다.

사례연구의 가장 큰 특징은 분석대상의 수가 적다는 것이다. 사례연구는 1개의 사례를 분석하는 연구 방법이다. 분석대상의 수가 적기 때문에 연구에 필요한 시간과 비용을 절약할 수 있는 장점이 있다. 사례연구는 하나의 인물, 집단, 공동체, 사건, 제도 등에 초점을 맞추어 상세하게 연구하는 방법이다. 그리하여 하나의 체계가 특정한 환경에서 어떻게 생겨나고 변화 발전하는지를 세밀하게 살펴보는 연구이다.

사례연구와 달리 비교연구는 분석사례가 2개 이상이며 30개까지 비교하는 경우도 있다. OECD 가입국, 유럽연합 회원국, 이슬람 국가 등은 30여개가 되며 이들 국가를 비교하는 많은 연구가 있다.

통계분석은 최소한 50개가 되면 분석할 수 있지만, 이 경우 분석오차가 크기 때문에 정확성이 떨어진다는 문제가 있다. 따라서 통계분석의 사례 수는 500개 이상이 바람직하고, 일반적으로 1,200개가 적당하다. 사례 수가 이보다 더 많아지면, 역효과가 생길 수 있다. 시간과 비용이 많이 들고, 조사 기간이 길어지면 자료의 일관성이 떨어진다. 찌개의 맛을 볼 때, 잘 저어서 한 숟갈만 먹어보면 충분하고, 찌개를 모두 먹을 필요는 없다.

사례분석이란 단일사례분석을 뜻한다. 비교사례분석이라는 표현도 있지만, 이것은 비교연구에 해당하는 것이지, 엄밀한 의미에서 사례분석이라고 하기는 어렵다. 교차사례분석이라는 표현도 있는데, 이것도 사례분석이라기보다는 비교분석에 해당한다. 교차사례분석은 비교분석 중에서도 독특한 연구 방법으로서 사례를 체계로 간주하고 체계의 특성을 비교함으로써 현상을 설명하려는 시도이다. 즉, 체계의 유사성과 차이점을 찾아내는 방법으로서, 분석목적이 체계의 영향력을 확인하는 데 있다.

예를 들어 집단주의 문화가 경제성과에 미치는 영향을 분석하는 경우 집단주의 문화의 수준이 서로 다른 자유주의 국가와 사회주의 국가의 경제체제의 성과를 비교 확인하는 것이다. 따라서 교차사례분석은 체계의 차이만큼 결과의 차이가 나타난다고 보는 것이다.

사례연구의 두 번째 특징은 제공하는 정보의 양이 많다는 것이다. 정보의 양은 연구에서 다루는 사례의 수에 반비례하는데, 사례연구의 가장 큰 장점은 1개 연구대상에 관한 자료를 광범위하게 조사하여 충분하고 완벽한 정보를 제공한다는 것이다. 반면에 수백 개의 사례를 다루는 통계연구는 개별사례에 관하여 제공하는 정보가 매우 미미하다. 이와 달리, 사례연구는 분석대상이 된 행위자, 집단, 상황 등에 관하여 세밀한 특징을 도출하기 때문에 현실을 사실적으로 이해할 수 있다.

사례연구의 세 번째 특징은 정보의 유형이다. 사례연구가 제공하는 정보는 비 구조화되어 있기 때문에 질적 분석에 사용된다. 따라서 사례연구는 이론의 일반화보다 사례의 특수성을 발견하기 위한 목적으로 사용된다. 이러한 이유로 사례연구는 변수연구보다는 서술적 연구에 주로 사용되고 기어츠(Geertz)가 주장한 바와 같이 두터운 묘사에 아주 강하다.

언어는 인간의 생활과 소통을 돕기 위해 만들어진 도구이다. 온대지방에 사는 사람들은 얼음을 지칭하는 어휘가 많지 않다. 이들과 달리 에스키모는 다양한 상태의 얼음을 묘사하는 어휘를 만들어 사용하고 있다. 이들에게는 얼음의 미세한 차이를 구별하는 것이 생활과 생존에 중대한 의미가 있기 때문이다. 이처럼 삶의 조건이 다르면, 필요한 용어도 달라지고, 관심의 정도에 따라 정보수집과 분석의 집중도가 달라지는 것이다. 사례연구는 심도 있는 집중분석이 필요할 때 사용하는 방법이다.

사례연구의 마지막 특징은 정보의 획득방식인데, 실험이나 조사통계와 달리 사례연구는 자연 상태에서 발생하는 사회적 현상을 재구성해낸다. 사례분석은 현상을 있는 그대로 묘사하기 때문에 인간사회의 생생한 현실을 분석하는 데 매우 적합한 연구 방법이다. 우리 주변에서 접할 수 있는 정치인, 관료, 기업, 시민단체 등에 관한 이야기를 풀어내기 때문에, 독자는 자신의 구체적인 삶의 경험과 일치감을 느끼면서 쉽게 공감하게 된다. 이처럼 사례연구는 독자들로 하여금 삶의 맥락이 와닿게 해준다.

학문적 연구 결과가 사회 구성원의 공감을 얻지 못하면, 사회 발전에 별다른 이바지를 하지 못할 것이다. 사례연구는 우리 사회가 직면하고 있는 문제를 해결하는 데에 효과적이다. 왜냐하면 사회현상에 관한 설명과 문제해결책을 전달할 때 독자의 이해력과 공감도를 극대화할 수 있기 때문이다. 이처럼 사례연구는 현상에 대한 이해를 높이고, 경험적 지식을 재확인해주고, 문제해결에 기여한다는 강점을 가지고 있다.

2 사례분석은 일반화의 한계가 있다.

사례분석은 사례의 수가 하나밖에 되지 않기 때문에 분석 결과를 일반화하기 어렵다. 한 개의 샘플이 모집단 전체를 대표할 수 없듯이, 단일사례연구의 결과를 일반화할 수 없는 것이다. 예를 들어 프랑스의 어느 한 도시를 집중적으로 연구하면, 그 도시에 관해서는 풍부하고 깊이 있게 이해할 수 있겠지만, 그 도시를 제외한 다른 도시에 대해서는 아무런 지식을 제공하지 못하게 되는 것이다.

그러므로 보편적 지식을 획득하려면 최대한 많은 도시를 연구하여, 프랑스 도시의 공통 속성을 찾아내어야 할 것이다. 전국의 모든 도시를 조사하는 것은 현실적으로 어렵지만, 많은 도시를 연구할수록 프랑스 도시의 특징에 관한 보편적인 평가를 할 수 있는 것이다. 이것은 하나의 도시를 아무리 심도 있게 연구하더라도 달성할 수 없는 결론이다. 그러므로 서술적 사례연구는 인과관계의 규명을 강조하는 분석적 연구와 달리 설명력이 약한 것으로 간주되며, 보편성을 추구하는 분과학문으로부터 이론의 발전에 기여하지 못한다는 비판을 받고 있다.

사례연구는 이론의 일반화와 법칙의 발견에는 미흡하지만, 현상의 특수성을 도출하는 데에서 중요한 역할을 하는 연구 방법이다. 모든 현상은 보편성과 특수성을 갖고 있다. 보편성을 추구하는 분과학문은 현상 간의 공통점을 찾는 노력을 한다. 그리하여 전 세계 모든 사회에서 통용될 수 있는 보편적 설명이론을 개발하고자 한다.

일반화는 과학의 목표이다. 만유인력의 법칙은 우주적 현상을 설명하는 힘을 가지고 있다. 뉴턴은 우주를 거대한 기계로 보았고, 삼라만상을 움직이는 힘의 법칙을 발견함으로써 신의 존재 증명을 시도하였다. 하지만 보편적 일반화가 가능한 자연과학과 달리 사회과학에서는 법칙이 존재하기 어렵다.

그동안 사회과학은 특정 지역에 적용되는 이론을 무리하게 다른 지역에 적용함으로써, 설명력과 예측력에서 많은 문제를 야기하였으며, 이러한 실패경험을 성찰한 결과 각 지역에서 발생하는 특수현상을 개별적으로 설명할 수 있는 이론 개발의 중요성을 느끼게 되었다. 지역학이 특수사례의 연구에 관심있는 대표적인 학문이다.

사회과학자들은 세상이 규칙에 의해 움직인다고 보고, 규칙의 발견과 그 일반화를 추구하였고, 정책실무자들은 사회과학이 발견한 규칙성을 현실에 적용하여 원하는 정책성과를 얻고자 하였다. 하지만 이러한 접근법은 사회현실을 지나치게 단순화된 시각으로 바라보는 것이다. 현실은 이론보다 복잡하다, 이론이 구조, 행위, 상호작용 등과 같은 모든 요인을 분석대상에 포함하여 변수로 다루게 되면, 마치 거울의 방에 들어서는 것과 같이 변수가 변수의 꼬리를 무는 끝없는 상황에 처하게 될 것이다.

현실의 복잡성은 단일사례분석의 유용성을 부각한다. 그동안 사회과학에서는 현실에 대한 충분한 조사 없이 섣부른 이론의 일반화로 많은 부작용을 일으켜왔다. 잘못 개발된 이론은 현상에 대한 오해를 불러일으킨다. 인간의 행위는 유발되기보다 구성되는 경향이 강하기 때문에, 규칙성을 가진 원인을 찾기보다 행위의 동기 혹은 이유를 찾는 것이 바람직하다. 그리고 사회문제를 해결하는 방법으로는 이론에 기반한 정책 처방도 중요하지만, 다양한 사례연구를 통해 발견한 인간 행위의 사회적 구성양식을 파악하는 것이 필요하다. 우리는 사회문제를 해결하려고 달려들기 전에 이해하는 자세를 가져야 한다.

3 사례연구도 이론화에 기여할 수 있다.

 사례연구가 이론의 보편화에 기여할 방법이 전혀 없는 것은 아니다. 사례연구는 어떤 현상에 관하여 심도 있게 검토하기 때문에, 연구대상 속에서 인과관계의 단서를 찾을 수 있도록 도와준다. 많은 변수를 투입하여 복잡하게 분석해야 하는 통계분석과 달리 사례분석은 변수를 줄임으로써 빠른 결론을 얻을 수 있기 때문에 초기의 단서 발견에 적합하다. 그리고, 유사한 사례분석의 축적을 통해 점진적으로 보다 일반화된 이론적 결론에 도달할 수 있다.

 크론바흐(Cronbach)는 성립선행조건의 영향을 받는 이론은 작업가설(working hypothesis)에 불과하다고 주장한다. 성립선행조건에 따라 결론이 달라진다면, 보편성을 가진다고 보기 어렵다는 것이다. 원래 모든 상황 조건은 서로 다르며, 심지어 하나의 동일한 상황 조건도 시간이 지나면 변모하게 된다. 똑같은 강을 두 번 건너는 것이 불가능한 것처럼, 끊임없이 변하는 세상에서 불변의 진리는 없고, 특정한 상황 조건에서 진리가 성립할 뿐이다.

 작업가설이란 이론이 개발된 현장을 벗어난 장소에 잠정적으로 적용하는 추정치이다. 따라서 검증을 목적으로 하는 양적 연구에서는 작업가설이 연구가설과 동의어이지만, 서술을 중시하는 질적 연구에서는 분석 결과 도출된 임시 결론이다. 사례연구의 결론은 작업가설의 성격을 지니기 때문에, 후속 사례연구를 통해 검증을 계속할 필요가 있다.

하나의 사회적 맥락에서 발견한 작업가설을 유사한 다른 사회적 맥락에 적용함으로써 이론의 유용성을 점차 확보해나가는 것이다. 이처럼 사례연구는 다른 사례를 설명하는 데에 도움이 되는 작업가설을 만들어내고, 한 사례에서 얻은 결론을 다른 사례에 적용하여 일치성을 찾아가면서 차근차근 일반화를 해나가는 작업이다. 유사한 사례연구의 결과가 축적되면서 이론적 일반화에 도달할 수 있는 것이다.

사례연구의 또 다른 이론적 기여는 이론의 검증에서 중요한 역할을 한다. 이를 위해서는 기존이론에 대한 고찰을 통해 재검증을 할 필요가 있는 이론을 골라내어야 한다. 즉, 연구자는 선행연구의 검토를 통해 자신의 연구와 연관성이 있는 이론을 찾아 소개하고 사례분석을 통해 입증 혹은 반증하는 것이다.

예를 들어 기업의 규모와 효율성 간에 인과관계가 있는지 관심이 있는 연구자는 먼저 관련 이론을 자신의 가설로 삼고 프랑스의 특정 기업을 분석하여 사실 여부를 확인하는 것이다. 그리고 더 나아가 프랑스의 경우에는 인과관계의 강도가 다르게 나타나는지 혹은 다른 환경요인이나 교란 요인이 있는지 등을 사례를 통해 확인할 수 있다. 이처럼 사례연구는 모든 이론에서 원인으로 작용하는 변수들을 탐색적으로 검증하는 역할을 한다.

사례분석은 지역연구에서 매우 중요한 이론적 가치를 가진다. 특정한 지역에 속해있는 국가들은 서로 공통된 속성을 공유하기 때문에,

하나의 국가에 대한 사례연구를 통해 인접국가의 속성을 쉽게 추정할 수 있는 것이다. 예를 들어 이슬람권의 특정 국가에서 일어나는 정치과정에 대한 사례분석을 통해 얻은 결론은 주변국에서도 거의 유사하게 적용될 수 있기 때문에, 대표사례의 기능을 하는 것이다. 즉, 하나의 사례연구 결과를 지역 차원으로 일반화할 수 있는 단서를 얻을 수 있는 것이다.

4 사례분석의 5가지 유형

단순 사례분석은 현상의 특수성에 초점을 맞춘 서술적 연구이며, 관련 정보의 수집과 분석을 통해 사례의 속성을 보여주는 목적으로 사용된다. 이것은 지역연구에서 가장 많이 활용하는 유형이다. 단순 사례분석은 원인을 탐구하기보다 현상의 속성을 밝히는 목적을 갖기 때문에, 주로 종속변수에 관한 심도 있는 서술을 한다는 점에서 이론화 초기 단계에 가장 많이 활용하는 연구 방법이다. 일반적으로 원인을 규명하기 위해서는 먼저 결과에 관한 충분한 이해가 이루어져야 한다. 단순 사례분석은 종속변수에 해당하는 사례를 선정하여 그 속성을 세밀하게 서술해준다는 점에서 이론화 작업의 출발선을 결정한다.

그런데 단순 사례분석이 이론의 발전에 기여하려면, 종속변수에 관한 사례분석을 통해 새로운 개념을 만들어내어야 한다. 예를 들어 아동학대는 오래전부터 존재한 현상이지만, 사람들은 학대라고 생각하지 못하였다. 그런데 연구자에 의해 그러한 현상이 어떻게 그리고 얼마만큼 이루어지고 있는지 조사하고, 아동학대라는 새로운 개념을 만들어내어 후속 연구에서 활발하게 종속변수로 다루어지게 될 경우, 관련 주제의 이론연구에 크게 기여하게 될 것이다. 황혼 이혼, 집단 따돌림, 정치적 포퓰리즘 등과 같이 많은 개념이 단순 사례분석을 통한 실태조사의 결과로 생겨나고 있다.

해석적 사례분석은 단순 사례분석과 유사하다. 이 연구 방법도 이론의 정립보다 사례에 관한 서술에 관심이 있는 것이다. 하지만, 해석적 사례분석은 단순한 정보제공에 그치는 것이 아니라, 기존의 이론을 활용하여 특정한 현상을 더욱 쉽게 이해할 수 있도록 돕는 연구 유형이다. 즉, 기존의 이론을 발전시키려는 것이 아니라, 타당한 주장이라고 수용하고 특정한 사례의 내용을 체계적으로 설명하는 데에 활용하는 방법이다. 예를 들어 유럽에서 극우 정당이 부상하고 있는 현상을 설명하기 위하여, 기존의 이론 중에서 인종차별 이론이나 경제 위기 이론을 선택적으로 가져와서 활용하는 것이다.

해석적 사례분석은 기존의 이론을 활용한다는 점에서 이론의 필요성을 인지하고 진행하는 연구에 속한다. 그렇지만 이론을 검증하는 효과는 없다. 연구자가 이론을 활용하는 이유는 자신이 분석하고자 하는 현상에 관한 정보를 체계적으로 제공할 수 있기 때문이다. 결과적으로 기존 연구는 후속 연구자의 모범답안 역할을 하게 된다. 예를 들어 네덜란드 극우 정당의 부상이라는 현상을 설명하기 위하여 프랑스 극우 정당의 부상이라는 현상을 이론적으로 잘 설명한 논문을 활용할 경우, 두 연구는 시공간적으로는 차이가 있지만 내용면에서 유사한 연구가 될 수밖에 없는 것이다.

이론검증용 사례분석은 기존 이론의 설명력을 검증하기 위해 사례를 활용하는 것이다. 해석적 사례분석에서는 사례가 연구의 초점이 되고, 기존의 이론은 사례의 이해를 돕는 보조적인 역할을 하는 것이라면, 이론검증용 사례분석은 기존의 이론이 분석의 초점이 되고, 사례는 그 이론의 타당성을 확인하는 데에 활용하는 것이다. 이러한 점에서 해석적 사례분석과 이론검증용 사례분석은 방법론적으로 서로 정반대의 연구이다.

이론검증용 사례분석에는 이론 확증용 사례분석과 이론 반증용 사례분석이 있는데, 이론 확증용 분석은 사례분석 결과 기존의 이론을 뒷받침하는 결론에 도달하게 된다. 이러한 분석 방법은 주로 시공간적 적용 범위의 확장 가능성을 확인하는 데에 사용된다. 즉, 한국사회의 경험에서 도출된 특정 이론을 일본 사회의 사례에서도 확인해 보고, 만일 이론 적용에 성공할 경우 한국에서 개발된 이론은 일본 사회에서도 적용되는 확장성을 가지게 되고, 만일, 실패할 경우에는 그 이론의 적용 범위는 한국에 국한되는 것이다.

이론 반증용 사례분석은 기존의 이론이 가진 설명능력을 반박하는 것이다. 그런데 이론을 반증하는 것은 이론 확증에 실패하는 것과는 다르다. 위에서 예시한 것처럼 한국 이론이 일본 사회에 적용되지 않는다는 것은 조건이 달라지면 설명해주지 못한다는 의미이지, 그 이론 자체가 잘못되었다고 할 수는 없는 것이다. 이론이 반박된다는 것은 독립변수가 적절하지 않다는 의미이고, 이론의 설명력이 없다는 것은 성립선행조건이 적합하지 않다는 것을 말한다.

이례분석은 이론적 설명에서 벗어나는 일부 예외적인 사례를 선택하여 연구함으로써, 그 일탈 현상의 원인을 규명하는 연구유형이다. 즉, 기존의 연구에서 고려되지 않았던 추가적인 변수를 찾아내거나, 혹은 분석에 사용된 변수의 개념화가 잘못되었는지 검토하여 개념 정의나 조작 정의를 개선하는 목적을 가진 분석 방법이다.

예를 들어 소득수준이 소비수준을 결정한다는 이론을 보다 발전시키기 위해 높은 소득에도 불구하고 소비수준이 낮은 사례를 선택하여 분석하고 그 결과, 이들은 소득은 높지만 축적한 재산이 없다는 사실을 확인함으로써, 소비를 촉진하는 요인으로서 소득보다 재산이 더 중요하다거나 혹은 소득과 재산을 함께 고려해야 한다는 주장을 하게 되는 것이다. 이처럼 이례분석은 기존의 이론을 세밀하게 수정·보완하여 정교하게 다듬는 연구이다.

가설창출용 사례분석은 다소 모호한 잠정가설에서 출발하여 더욱 명확한 가설을 만드는 것을 목적으로 한다. 이 분석의 목적은 관련 이론이 존재하지 않는 미개척 분야의 주제를 연구할 때, 가설을 설정하고 바로 검증에 들어가는 대단위 연구를 하는 것은 리스크가 크기 때문에, 시간과 비용을 낭비하는 것을 예방하는 차원에서 간단한 사례 연구를 하고 그 결론을 대규모 연구의 가설로 쓰는 것이다. 가설창출용 사례분석은 연구자의 가설이 검증할 가치가 있는지를 미리 한번 확인해보는 예비적 연구에 해당한다. 이 연구는 이론검증용 사례분석 및 이례분석과 함께 이론화 작업에 기여하는 바가 큰 연구유형에 속한다.

| 토론꺼리 |

① 사례분석, 비교분석, 통계분석의 차이는 무엇인가?
② 사례분석의 강점과 약점은 무엇인가?
③ 사례분석은 이론화에 어떠한 기여를 할 수 있는가?
④ 작업가설이란 무엇인가?
⑤ 사례분석이 지역연구에서 유용한 이유는 무엇인가?
⑥ 단순 사례분석이 이론화에 기여할 방법은 무엇인가?
⑦ 해석적 사례분석은 이론을 어떻게 활용하는가?
⑧ 이론 확증에 실패한 연구 결과로 이론을 반증할 수 있는가?
⑨ 이례분석은 어떻게 이론의 정교화에 기여하는가?
⑩ 가설창출용 사례분석은 어떤 좋은 점이 있는가?

제8절
지역연구 비교분석

1 비교연구에서는 비교사례 선정이 중요하다.

비교분석은 최소한 2개의 사례가 필요하다. 비교분석은 주로 공통점과 차이점을 발견하는 것이고, 이를 통해 인과관계를 추적한다. 비교 방법을 통해 인과관계를 규명하는 분석에는 최대한 서로 비슷한 사례를 연구하는 최대유사체계분석법과 최대한 서로 다른 사례를 연구하는 최대상이체계분석법이 있다.

이론은 가능한 많은 사례를 통해 검증되어야 한다는 점에서, 통계연구가 이론의 일반화에 가장 크게 기여하는 것은 사실이다. 하지만, 항상 충분한 연구사례가 존재하는 것은 아니다. 지역연구는 주로 국가를 분석대상으로 다루기 때문에, 지구상에 약 200개의 사례밖에 존재하지 않는다. 유럽연합, 아세안, 남미공동시장과 같은 지역 공동체를 분석단위로 삼아 연구한다면 분석 가능 사례는 더 줄어들 것이다.

그러므로 지역연구에서는 오히려 비교분석이 통계분석보다 더 적절한 연구 방법으로 활용되고 있다. 혁명이나 전쟁에 관한 연구도 지역연구와 유사하게 과소사례의 문제점을 안고 있는 주제이다. 연구자로서는 분석대상으로 삼을 수 있는 사례가 많지 않은 것이다. 그러한 연구에서도 통계분석보다는 비교분석이 더 유용하다.

이처럼 비교분석은 선택 가능한 사례가 그리 많지 않은 상황에서 사용하는 연구 방법이기 때문에, 사례선정이 매우 중요하다. 선정된 사례가 총 사례를 잘 대표해야 한다. 비교분석에서 사례선정은 통계분석의 표본추출과 같다. 통계분석을 위한 표본추출이 대표성을 고려하여 이루어지듯이 비교분석에서도 사례선정을 할 때, 이론적으로나 방법론적으로 타당한 선정기준을 마련해야 한다.

비교연구가 단순히 사례 간의 공통점과 차이점을 찾아내는 서술적 분석이 아니라 현상의 원인을 찾는 설명이 되려면 그에 적합한 연구디자인이 필요하다. 그 방법은 차이점을 찾으려면 서로 비슷한 속성을 가진 사례를 비교 대상으로 선정해야 하고, 공통점을 찾으려면 서로 다른 속성을 가진 사례를 선정해야 한다.

최대한 서로 유사한 사례에서 차이점을 찾는 연구전략은 최대유사체계분석이다. 이 비교분석은 사례 간의 공통점을 상수로 처리하여 통제한 후 남은 차이점을 찾아내는 작업이다. 그 반면에, 최대상이체계분석은 사례 간의 차이점을 상수로 처리하고 통제한 후 남은 공통점을 찾는 연구 방법이다. 비유하자면 최대유사체계분석은 사과와 오렌지를 비교하는 작업이고, 최대상이체계는 사과와 캥거루를 비교하는 일이다.

사과를 오렌지와 비교하는 것이 캥거루와 비교 하는 것 보다 쉬우므로 최대유사체계분석이 최대상이체계분석보다 더 용이하다. 지역학은 상대적으로 쉬운 최대유사체계분석을 활용하는 연구 분야이다. 한·중·일 비교분석 혹은 독일과 프랑스의 비교분석 등과 같이 유사한 사례들을 주로 연구하기 때문이다. 반면에 최대상이체계분석은 분과학문에서 많이 사용한다. 경제학은 한국과 미국의 경제를 비교하는 것을 주저하지 않는다. 보편적 이론을 개발하는 야심적인 분과학문과 성립선행조건이 비슷한 중범위 이론을 개발하는 지역학이 추구하는 취지의 차이가 서로 다른 비교연구 방법을 선택하여 사용하도록 하는 것이다.

2 비교분석은 사례 간의 공통점과 차이점을 활용하는 연구 방법이다.

비교는 현상을 보다 정확하게 파악하는 데에 도움을 준다. 하나의 사례를 분석하는 경우에는 아무리 심도 있게 연구하더라도 객관성을 확보할 수 없다. 시험을 치르고 70점을 받으면 이것이 좋은 성적인지 나쁜 성적인지 알 수가 없다. 친구의 성적과 비교해야 자신에 대한 객관적인 평가가 가능해진다. 가장 객관적인 방법은 전체 응시자 900명의 평균 성적과 비교하는 것이다. 친구 성적과 비교하는 것은 2개 사례 비교분석에 해당하고, 전체 평균성적과 비교하는 것은 900개 사례 비교분석과 같다. 이처럼 비교는 사례의 정확한 위치와 속성을 파악하는 데에 도움을 준다.

이탈리아정치를 연구하는 전문가는 비교정치학자로 분류된다. 그가 단일국가사례를 전문적으로 연구하지만 비교정치학자로 불리는 이유는 이탈리아정치를 연구할 때 스페인과 비교하기도 하고, 혹은 일반 정치이론을 활용하여 해석적 사례분석을 하거나 이론검증용 사례분석을 하기 때문이다. 위에서 예시한 성적처럼 이탈리아를 스페인과 비교하는 것은 친구성적과 비교하는 것이고, 일반이론을 활용하는 것은 평균성적과 비교하는 것이다.

이처럼 단일국가를 전문적으로 연구하는 학자는 불가피하게 다른 나라와의 비교를 통해 분석대상 국가의 특수성과 일반성을 찾는 것이다. 다시 말하자면, 사례분석자도 은연중에 비교분석 방법을 사용하는 것이다. 넓은 의미에서 통계분석도 비교의 논리를 사용한다. 자신의 성적을 전체 학생의 성적과 비교하는 것은 통계 분석적 방법이며, 이때 분석대상인 표본과 모집단의 속성을 비교하는 논리를 사용한다.

통계분석에서 세대별, 지역별, 소득별 특징을 분석하는 것도 본질적으로 비교방법에 해당한다. 건강에 대한 커피의 영향을 통계 분석할 때, 커피를 마시는 사람과 마시지 않는 사람을 각각 수백 명씩 비교하여 결론을 내린다. 이러한 점에서 비교연구는 우리가 생각하는 것보다 훨씬 광범위하게 사용되고 있다. 다만, 양적 비교의 경우에는 비교사례를 많이 선정하고, 질적 비교의 경우에는 적은 사례를 다룰 뿐이다.

객관적인 비교를 하기 위해서는 수집한 정보들을 동일한 기준으로 평가해야 한다. 동일한 기준은 비교사례를 일정한 방향으로 정렬시킬 수 있기 때문이다. 예를 들어, 경제체제 비교연구는 국가의 개입 정도에 따라 다양한 국가 경제체제를 분석한다. 그리하여 전 세계에 존재하는 국가의 경제체제를 정부개입이 최대화된 계획경제와 최소화된 시장경제 그리고 그 중간에 위치하는 혼합경제체제로 분류하는 것이다. 여기서 경제체제의 비교기준은 정부의 경제개입 수준이다.

또한 정치체제 비교연구는 국가권력이 대통령에게 집중된 대통령제와 의회에 집중된 의원내각제 그리고 그 중간 형태인 이원집정제라는 다양한 유형으로 분류하고 비교함으로써 각국의 권력제도에 관해 더 잘 알 수 있게 한다. 여기서 정치체제의 비교기준은 권력의 위치이다.

비교기준은 유형화를 가능하게 해준다. 비교분석의 최대 장점은 이론적 유형화에 기여한다는 것이다. 계획경제와 시장경제는 경제체제의 유형에 해당하며, 대통령제, 이원집정제, 의원내각제는 정치체제의 유형에 해당한다. 유형화는 사례의 비교에 도움을 주며, 사례선정에도 도움을 준다. 왜냐하면 유형화 작업을 하면 유형별로 적합한 사례를 선택하여 채워 넣고 서로 비교할 수 있기 때문이다. 그러므로 비교사례분석은 유형화에 의해 뒷받침될 때 성공적으로 이루어질 수 있다.

비교분석의 유형화가 이론적 발전에 어떻게 기여하는지를 잘 보여주는 예로서 민족국가를 들 수 있다. 민족국가란 민족과 국가가 일치하고, 동일한 영토에서 함께 살아가는 정치공동체를 의미한다. 하지만 이러한 민족국가의 개념에 부합하는 나라는 많지 않다. 아일랜드 민족은 아일랜드 영토와 일치하지 않는다. 북아일랜드에 사는 민족은 영국의 지배를 받고 있다. 역으로 영국에는 영국인, 아일랜드인, 스코틀랜드인, 웨일스인이 살고 있다. 이처럼 민족국가의 유형에 관한 연구를 하면 이 개념으로 설명할 수 없는 사례들을 발견하게 되고, 민족국가라는 개념이 가진 설명력의 협소성을 극복하는 과정에서 국민국가라는 개념을 발견하게 된 것이다. 국민국가란 단일민족 혹은 다민족이 공존하며 통합적으로 살아가는 정치공동체를 말한다.

3 최대유사체계분석은 사과와 오렌지를 비교하는 것과 같다.

최대유사체계분석은 서로 닮은 사례들을 비교하는 연구 방법으로서 비교사례를 선정하는 기준은 두 가지이다. 첫째, 비교분석의 대상으로 선정될 사례는 서로 매우 유사한 속성을 가지고 있어야 한다. 둘째, 사례 간의 속성은 유사하지만, 서로 아주 다른 양상을 보여야 한다. 즉, 비교사례(n)는 사과와 오렌지처럼 비슷한 특징을 가지고 있는데, 이 사례들이 드러내는 현상(Y)으로서 맛이나 크기 등이 서로 다른 경우에 그 원인(X)을 찾는 분석법이다. 이 때 사례를 체계로 파악하여 사례의 구조적 특징에서 나타나는 차이를 원인으로 간주하는 것이다.

최대유사체계분석은 구조적으로 공통점이 많은 비교사례가 현상적으로 서로 다른 양상을 드러낼 경우에, 그 차이의 원인을 두 사례의 구조적 차이에서 찾는 연구 방법이다. 그러므로 현상의 차이와 일치하는 구조적 차이를 찾아내는 일치법의 논리를 활용한다. 여기서 현상은 종속변수에 해당하고 구조는 독립변수에 해당한다. 이 연구 방법에서 사례선정이 중요한 이유는 구조적으로 공통점이 많은 비교사례를 선택해야 독립변수가 되는 구조적 차이점이 두드러지게 되고 발견이 수월하다는 것이다.

최대유사체계분석의 절차는 다음과 같다. 첫째, 비교사례(n)를 모은다. 이를 위해 연구주제에 부합하는 유사 사례들을 모아서 비교사례 자료집을 구축한다. 만일 도시축제의 성공 원인에 관한 연구를 한다면 축제를 개최한 도시 중에서 면적, 인구, 경제력 등에서 최대한 유사한 사례들을 모아야 한다.

둘째, 종속변수(Y)가 상이한 사례를 고른다. 비교사례 자료집에 수집된 유사사례 중에서 서로 상이한 현상을 보이는 비교사례를 분석 대상으로 선정하는 것이다. 연구의 목적이 축제의 성공 원인을 찾는 것이라면, 성공사례와 실패사례 그리고 필요하다면 중간사례 등 다양한 사례를 선정한다.

셋째, 사례의 속성(x)을 분석해야 한다. 이 분석법은 사례를 체계로 간주하여 원인을 찾는 방법이기 때문에, 사례의 구조와 기능을 살펴보아야 한다. 예를 들면 축제는 그 체계상 운영진, 프로그램, 예산 등으로 이루어졌고, 이들 중에서 사례 간에 유사성을 보이는 속성은 성공 원인으로 고려될 수 없고, 상이한 속성이 성공 원인이 되는 것이다. 성공한 축제와 실패한 축제 모두 운영진의 능력과 축제 프로그램 내용이 유사할 경우에는 성공 원인이 될 수 없고, 성공한 축제와 실패한 축제의 예산확보가 확연하게 다를 경우 예산을 결정적인 원인으로 간주한다는 것이다.

지역연구에서는 주로 최대유사체계분석방법을 사용한다. 왜냐하면 특정 지역에 속하는 국가들은 서로 유사한 속성을 공유하기 마련이고, 유럽 연구, 구소련 연구 등은 필연적으로 유사한 국가사례를 비교분석하기 때문이다. 지역연구는 같은 지역에 속하는 국가들이 공통으로 가진 속성을 통제함으로써 독립변수의 존재 범위를 좁혀나가는 연구를 할 수 있는 이점을 갖고 있다.

이러한 장점은 최대유사체계분석의 한계로 지적되기도 한다. 분석 결과 도출된 이론이 보편적이지 않고 속성이 비슷한 사례집단에만 적용되는 제한적인 설명력을 가진다는 것이다. 사과와 오렌지의 비교 연구 결과는 과일을 설명하는 데에 유용하며, 캥거루와 사슴과 같은 동물에게는 타당성을 갖지 못하는 한계가 있다. 최대유사체계분석의 또 다른 한계는 독립변수를 도출해내는 분석의 수준이 사례의 속성이기 때문에, 과소사례의 문제가 있다. 속성이 유사하면서 양상이 다른 사례를 찾는 것이 그리 쉬운 일은 아니라는 것이다.

최대유사체계분석의 연구사례를 소개하자면, 한국과 대만의 국민건강보험제도에 관한 연구가 있다. 이 연구에 따르면, 양국은 공통적으로 권위주의 체제하에서 산업화에 성공하였고, 경제를 부흥시킨 권위주의 정부는 권력의 정당성 확보를 위해 건강보험제도를 도입하였으며, 그 결과 매우 유사한 건강보험체계를 갖게 되었다. 이러한 점에서 한국과 대만은 최대유사체계사례에 해당한다.

이러한 건강보험체계의 유사성에도 불구하고, 양국 국민의 보험제도 만족도는 상이하게 나타나는데, 대만 국민의 건강보험 만족도가 한국 국민보다 확연하게 높다는 것이다. 양국의 건강보험체계가 상당 부분 서로 유사하지만 국민 만족도 차이를 초래하는 차이점이 있는지를 찾는 작업이 필요하다.

이러한 상이성의 원인을 찾기 위하여 양국의 건강보험체계를 분석한 결과, 건강보험이 전 국민을 대상으로 한다는 점, 국가재정에서 보건의료가 차지하는 비중 등은 양국이 유사하였지만, 국가가 의료비를 병원에 지불하는 방식은 달랐다.

대만은 병원에 지급하는 연간 비용을 제한하는 총액제한 제도를 시행하고 있는데, 한국은 의료행위 건당 지급단가를 정하는 의료수가제를 실시하고 있다. 따라서 한국 병원은 환자에게 과잉진료를 하는 이윤 추구형이 될 수 있는 반면에, 대만 병원은 연간 설정된 총수입 범위 내에서 무리하지 않고 의료행위를 하는 것이다. 독일에서도 건강보험재정의 과도한 부담을 덜기 위해 건강보험개혁 차원에서 대만의 사례를 본받아 병원 당 총액예산제를 도입하였지만, 한국의 경우에는 의료계의 반발로 도입이 어려운 실정이다.

최대유사체계분석의 두 번째 연구사례로서 베트남과 한국의 분단과 통일에 관한 비교연구가 있다. 양국은 강대국에 의해 분단이 되었고, 분단의 원인이 정치적 이념이며, 분단 당시 양국은 경제적으로 낙후한 국가였다는 점에서 매우 유사한 속성을 가지고 있다. 그런데 베트남에서는 사회주의 월맹이 자유주의 월남을 통일하였지만, 한반도에서는 남한이 북한의 위협을 극복하였고 사회주의 북한이 체제붕괴를 우려하는 상황이다.

이러한 현상의 차이가 어디에서 연유하는지 그 원인을 찾는 연구는 최대유사체계분석을 사용할 필요가 있다. 양국의 통치체제의 특징을 정치지도자, 군, 미국의 역할을 중심으로 살펴보면, 양국 모두 군의 비리가 심하고, 미국의 군사적 지원으로 안보를 유지하였다는 점에서는 유사하지만, 정치지도자의 역할에서는 서로 상이한 모습을 보였다. 한국과 달리 베트남은 정치 지도자가 무능하여 정치 불안과 경제적 낙후를 극복하지 못하였다. 서로 유사한 분단체제인 한국과 베트남이 서로 다른 통일의 길을 보여주는 이유는 양국의 통치체계 속성 중에서 정치지도자의 능력 차이 때문이라는 결론에 도달하였다.

세 번째 소개할 연구사례는 독일, 프랑스, 네덜란드의 외국인 이주민 사회통합 수준에 관한 연구이다. 이 연구에 따르면, 이들 3개 국가는 정치체제의 특성과 경제 수준이 유사하고, 외국인 이주의 역사와 유형도 비슷한 유사 사례들이다. 하지만 각국에 거주하고 있는 외국인 이주민의 사회통합수준을 보면 독일과 프랑스보다 네덜란드가 확연하게 높은 차이점을 보이고 있다. 이러한 경우 그 원인은 각국의 이주민 통합정책에서 찾을 수 있다.

유럽연합의 지원으로 개발된 이주민 사회통합지수는 다양한 평가지표로 구성되어 있는데, 가장 핵심적인 지표영역은 정치참여, 노동, 교육, 복지, 차별금지 등이다. 이 지표에 따라 독일, 프랑스, 네덜란드의 사회통합지수를 영역별로 측정한 결과, 이들 국가의 사회통합지수 점수가 영역별로 거의 비슷하였지만, 외국인 이주민의 정치참여에서는 네덜란드가 비교사례에 해당하는 독일과 프랑스에 비해 확연하게 좋은 점수를 얻은 것으로 나타났다. 따라서 분석 결과, 네덜란드에 사는 이주민의 사회통합 수준이 높은 이유는 외국인의 정치참여를 지원하는 제도와 정책이 잘 시행되고 있기 때문이라는 사실을 발견하였다.

4 최대상이체계분석은 사과와 캥거루를 비교하는 것과 같다.

최대상이체계분석은 서로 전혀 닮지 않은 사례도 비교가 가능하다고 보는 연구 방법으로서 사례 선정을 하는 기준은 두 가지이다. 첫째, 비교분석의 대상으로 선정될 사례는 서로 매우 상이한 속성을 가지고 있어야 한다. 둘째, 사례 간의 속성은 상이하지만, 서로 아주 유사한 양상을 보여야 한다. 비교사례(n)는 사과와 캥거루처럼 서로 상이한 특징을 가지고 있는데, 이 사례들이 드러내는 현상(Y)으로서 똑같이 맛있는 경우에 그 원인(X)을 찾는 분석법이다.

사과와 캥거루의 맛을 직접 비교하기는 어렵지만, 구성요소인 탄수화물, 단백질, 지방의 구성비를 비교함으로써 맛을 평가할 수 있는 것처럼, 거의 비교가 불가능해 보이는 사례들은 체계보다 한 단계 낮은 수준으로 내려가서 구성요소를 비교하면 분석이 가능해지는 것이다. 다만 이러한 경우에 사례의 속성이 분석대상에서 사라지는 문제점이 생길 수 있다. 탄수화물, 단백질, 지방 등과 같은 영양성분이 분석의 초점이 되면, 사과와 캥거루의 속성은 연구 초점에서 사라지는 것이다.

최대상이체계분석의 절차는 다음과 같다. 첫째, 비교사례(n)를 모은다. 이를 위해 연구주제에 부합하는 상이한 사례들을 모아서 자료집을 구축한다. 만일 도시축제의 성공 원인에 관한 연구를 한다면 축제를 개최한 도시 중에서 면적, 인구, 경제력 등에서 최대한 상이한 사례들을 모아야 한다.

둘째, 종속변수(Y)가 유사한 사례를 고른다. 비교사례 자료집에 수집된 상이한 사례 중에서 서로 유사한 현상을 보이는 비교사례를 분석대상으로 선정하는 것이다. 연구의 목적이 축제의 성공 원인을 도출하는 것이라면, 성공한 사례만을 선정한다.

셋째, 비교사례의 구성요소가 무엇인지 파악하고 그 속성(x)을 분석해야 한다. 이 분석법은 사례를 비교하는 것이 아니라 사례의 구성요소를 비교하여 원인을 찾는 방법이기 때문에, 사례가 어떻게 구성되어 있는지를 검토해야 한다. 예를 들어 도시축제의 경우 축제 행사의 주요 구성원으로서 시민을 분석대상으로 선택하여, 그들의 참여, 협력, 지지 중에서 축제에 성공한 도시의 주민들에게서 공통으로 나타나는 속성이 무엇인지를 찾아내고, 이를 독립변수로 간주하는 것이다.

최대상이체계분석은 지역학이 아닌 분과학문에서 많이 사용하는 연구전략이다. 분석의 수준을 사례가 아닌 사례의 구성요소라는 미시적 수준에 맞춤으로써, 사례선정 시 유사한 국가군이나 지역이라는 공간적 제약을 뛰어넘어 아무리 다른 속성을 가진 국가라도 비교할 수 있는 연구 방법이지만, 각 나라가 보유하고 있는 고유한 체계적 속성은 무시하는 문제점을 보이게 된다. 그 결과 분석사례에서 나타나는 현상들이 어떠한 생성경로를 거쳐 발생하였는지를 말해줄 수 있는 맥락이 분석에서 도외시될 수 있다.

최대상이체계분석을 사용한 연구사례를 소개하자면, 경제 저발전의 원인을 분석하기 위하여 최빈국에 속하는 모잠비크, 예멘, 북한을 사례로 선택한 분석이 있다. 이들 나라는 지리적으로 서로 상이한 아프리카, 중동, 아시아 지역에 있을 뿐만 아니라, 정치적 안정과 경제발전모델이라는 관점에서 볼 때, 세 나라가 모두 서로 다른 양상을 보인다.

그런데 이러한 상이함에도 불구하고, 이들 나라는 한결같이 수십 년째 심각한 저개발 상태에 직면하고 있다. 상이한 사례를 비교분석할 때에는 체계의 속성을 분석하는 것이 어려우므로, 체계를 구성하는 요소의 속성을 비교해야 한다. 즉, 최빈국의 원인을 국가의 속성이 아니라 국민의 속성에서 찾는 것이다. 왜냐하면, 국민의 노력과 의지가 경제발전을 결정하는 중요한 요인이 되기 때문이다. 그리하여 모잠비크, 예멘, 북한의 국민을 비교해보면, 노동에 대한 열의, 개혁개방에 대한 의지에서는 서로 다른 수준을 보이지만, 공통적인 것은 낮은 노동 숙련도라는 것을 밝혀내었다.

이러한 분석 결과는 서로 매우 상이한 나라들을 비교할 때에는 그 나라의 체계보다 한 단계 낮은 구성원의 속성을 비교하면 비교가 가능해진다는 것을 말해준다. 그리고 어느 나라에서나 경제발전에서 국민의 역할이 중요하다는 점을 강조하는 연구 결과이다. 최대상이체계분석은 국가의 특성을 중시하는 지역연구보다 분과학문에서 주로 많이 사용하는 연구전략인데, 모든 사례가 분석대상이 될 수 있어서 이론의 일반화에 용이한 연구 방법이다.

| 토론꺼리 |

① 지역연구가 통계분석보다 비교분석 방법을 선호하는 이유는 무엇인가?
② 지역연구가 최대유사체계분석을 주로 활용하는 이유는 무엇인가?
③ 분과학문이 최대상이체계분석을 주로 활용하는 이유는 무엇인가?
④ 비교분석에서 비교기준은 왜 필요한가?
⑤ 이탈리아정치 연구자는 왜 비교정치학자에 속하는가?
⑥ 비교분석에서 유형화는 어떻게 이론에 기여하는가?
⑦ 경제체제를 유형화하세요.
⑧ 정치체제를 유형화하세요.
⑨ 최대유사체계분석에서는 어떠한 차이가 독립변수가 되는가?
⑩ 최대유사체계분석의 진행 절차는 어떻게 되는가?
⑪ 최대유사체계분석에서는 무엇이 일치하는가?
⑫ 최대상이체계분석에서는 어떠한 유사점이 종속변수가 되는가?
⑬ 최대상이체계분석의 진행 절차는 어떻게 되는가?
⑭ 최대상이체계분석에서는 무엇이 비교 대상이 되는가?

제9절

부울 연산법

1 부울 연산법은 이항규칙을 따른다.

부울(George Boole)은 1815년 영국의 링컨에서 태어났다. 그의 아버지는 영세 소매상인이었고, 부울은 초등교육밖에 받지 못했으나 독학으로 그리스어와 라틴어를 익히고, 초등학교 교사가 되었으며, 교사로 재직한 지 2년 만에 새로 설립된 아일랜드의 콕에 있는 퀸스 칼리지의 수학 교수가 되었다. 그는 형식논리를 응용하여 부울 연산법이라고 알려진 새로운 대수학을 확립하였다. 부울 연산법은 전기 스위치 회로 등과 같은 분야에 활용되고 있다.

부울 연산법은 모든 숫자 중에서 0과 1만을 사용하는 수학 이론이다. 사실 사물과 현상을 심도 있게 측정하기 위해서는 0에서 무한대까지 많은 숫자가 필요하다. 예를 들어 사람의 키를 재기 위해서는 0에서 최소 200까지의 숫자가 필요하다. 하지만 부울 연산법은 0과 1만을 사용하여 현상을 표현할 목적으로 만들어진 수학이론이다. 예를 들어 전기가 통하거나(1) 혹은 끊기거나(0) 하는 이분법적인 상황은

두 가지 숫자만으로 명쾌하게 표현할 수 있다. 그 이외의 숫자는 불필요할 뿐만 아니라 사용하면 오히려 혼란을 초래한다.

이처럼 두 가지 값만 가지고 표현한 것을 이항적 형태라고 한다. 인간이 사는 세상은 사실 매우 복잡하기 때문에 현실을 있는 그대로 인식하려고 할수록 이해하기 어려워진다. 그리고 개인, 기업, 국가의 결정은 이분법적 성격을 가진다. 갈 것인지 말 것인지? 실행할 것인지 말 것인지? 양보할 것인지 양보하지 않을 것인지? 이처럼 양자택일적인 결론은 모두 이항적 성격을 가지고 있다.

부울 연산법을 활용하는 연구에서는 모든 변수들이 이항 형태로 분류되는데, 독립변수(X)와 종속변수(Y)는 각각 두 가지 값만을 가지며, 0(거짓 혹은 부존재)과 1(참, 존재)로 표현된다. 그러므로 부울 연산법은 변수들의 존재 여부 혹은 진위 여부를 확인하는 분석방법이다.

부울 연산법은 특정한 속성의 존재 여부에 관한 정보만을 전달하는 자료의 분석에만 적용할 수 있기 때문에, 일반자료를 분석에 사용하기 어렵다. 통계수치나 여론조사 결과 등과 같은 일반자료는 부울 연산법에 의한 연구에 활용할지 전혀 고려하지 않고 생산된 것이다. 그러므로 이미 만들어진 집합자료를 부울 연산법을 사용하여 분석하기 위해서는 사례의 속성이 이항적으로 정리된 자료로 변환해야 한다.

부울 연산법의 장점은 많은 사례를 분석할 수 있다는 것이다. 일반적으로 사례 수가 많아지게 되면 비교분석을 하기 어려워진다. 부울 연산법은 이러한 문제점을 극복하기 위해 개발된 연구 방법으로서 수십 개의 사례를 한꺼번에 분석하는 것이 가능하다. 물론 단순비교 분석에 비하면 사례의 속성을 깊게 혹은 구체적으로 다루지는 못하고, 속성을 이분법적으로 단순화하여 존재 여부만을 확인하는 데에 그칠 수밖에 없다는 한계가 있다.

부울 연산법의 또 다른 장점은 여러 개의 이론을 동시에 검증할 수 있다는 것이다. 이것은 여러 개의 독립변수를 사용하는 연구를 할 수 있다는 의미인데, 대다수 연구자가 하나의 독립변수만을 사용하는 이유는 연구의 간편성과 결론의 명료성을 추구하기 때문이다. 이러한 연구가 초래하는 문제점은 개별 연구자가 분석하여 정립한 여러 가지 이론 중에서 어느 이론이 가장 강한 설명력을 가지는지 알기 어렵다는 것이다.

그런데 하나의 연구에 복수의 독립변수를 사용하여 종속변수의 발생 여부를 확인하면 어느 독립변수가 가장 큰 영향력이 있는 요인인지를 알 수 있게 된다. 그리고 이론은 독립변수에 의해 만들어지기 때문에, 독립변수의 영향력을 서로 비교하는 일은 이론의 유용성을 비교하는 것과 같다.

부울 연산법에서는 복수의 독립변수가 조합된 조건이 복수의 방정식으로 표현된다. 이 수식에는 다양한 경쟁이론이 통합되어 있기 때문에 조건조합에서 종속변수로 연결되는 다차원적인 인과경로를 검토할 수 있고, 그 결과 여러 개의 독립변수 중에서 설명능력이 강한 변수를 찾아낼 수 있는 것이다. 이것은 다양한 경쟁이론을 통합하는 동시에, 각 이론이 부각하는 독립변수 중에서 가장 영향력이 큰 결정적인 변수를 찾아냄으로써 설명의 엄밀성을 높일 수 있는 연구전략이다.

2 부울 연산법을 사용하기 위해서는 진리표를 만들어야 한다.

부울 연산법은 진리표를 토대로 분석을 하는데, 진리표란 각 사례의 독립변수와 종속변수 값을 이항적으로 정리한 분석자료를 말한다. 변수의 값을 이항 행렬로 줄 세운 진리표는 변수 간의 논리적 일치 여부를 찾는 데에 도움을 준다. 진리표는 여러 가지 형태로 만들 수 있지만, 가장 기본적인 형태는 <표 1>과 같다.

이 표는 기업을 분석사례로 노조를 독립변수로 파업을 종속변수로 설정하여 이항 정리한 것이다. 노조의 유무가 파업의 원인이 되는지를 밝히기 위해 만들어진 기초자료이다. 기업별로 노조의 존재와 파업 발생의 실태를 살펴보면 기업 A에는 노조가 없지만 파업이 발생하였다. 기업 B에서는 노조가 없고 파업이 발생하지 않았으며, 기업 C에서는 노조가 있지만 파업이 발생하지 않았고, 기업 D에서는 노조가 있고 파업이 발생하였다.

<표 1> 기업별 노조와 파업의 존재여부를 알려주는 진리표

사례(n)	노조(X)	파업(Y)
기업 A	0	1
기업 B	0	0
기업 C	1	0
기업 D	1	1

이 진리표는 각 기업별로 노조와 파업의 존재 여부를 보여주고 있

는데, 만일 B와 D와 같은 유형의 기업 사례가 많으면 노조의 존재가 파업의 원인이 된다는 결론을 내릴 수 있지만, 이와 반대로 A와 C와 같은 유형의 기업이 많으면 노조의 존재가 파업의 원인이라고 하기 어렵다. 노조와 파업이 동시에 존재하거나, 동시에 존재하지 않는 사례들이 의미 있는 이론을 도출할 수 있는 조건이 되는 것이다. 이처럼 부울 연산법은 진리표를 만들어 변수의 이항적 행렬에서 일치성이 나타나는지를 찾는 연구 방법이다.

표 1는 독립변수와 종속변수가 각 1개씩 있는 기본 진리표 형식이다. 기본 진리표는 연구자의 연구 목적에 따라 확장이 가능하며, 이 경우 독립변수를 늘리면 된다. 현실 세계에서 결과에 영향을 미치는 원인은 다양하게 존재하기 때문에, 독립변수를 추가로 늘리는 것은 어려운 일이 아니다. 또한 현상의 발생을 초래하는 영향요인은 서로 함께 작용하기 때문에, 진리표를 만들 때 독립변수의 수를 늘리면 종속변수의 발생조건을 복합적으로 표현할 수 있다.

<표 2>는 OECD 가입국 중에서 행정개혁을 실시한 12개 나라를 사례로 선택하여 이항규칙에 따라 만든 진리표이다. 종속변수는 행정개혁을 할 때 시장원리의 활용 여부이다. 시장원리를 활용하면 1의 값을 부여하고, 국가의 공권력을 사용하여 하향식으로 개혁한 경우에는 0의 값을 부여하였다.

그리고 독립변수는 국가구조(A)의 속성에서 단방제는 1, 연방제는 0의 값을 부여하였다. 내각구성(B) 방식은 다수제 방식이 1, 합의제 방식은 0, 행정문화(C)는 공공 서비스적 문화는 1, 법치주의적 문화는 0, 정치-관료관계(D)의 경우 분리는 1, 연계는 0의 값을 부여하였다. 이 분석은 종속변수의 생성경로가 독립변수 4개와 다차원적으로 연결된 통합모델을 사용하고 있다.

<표 2> 시장원리를 활용한 행정개혁의 정치적 조건에 관한 진리표

사례(n)	독립변수(X)				종속변수(Y)
	국가구조(A)	내각구성(B)	행정문화(C)	정치 관료관계(D)	시장활용 개혁
호주	0	1	1	1	1
벨기에	0	0	0	0	0
캐나다	0	1	1	1	1
핀란드	1	0	0	1	1
프랑스	1	1	0	0	0
독일	0	0	0	1	0
이탈리아	1	0	0	0	1
네덜란드	1	0	0	1	0
뉴질랜드	1	1	1	1	1
스웨덴	1	0	0	1	0
영국	1	1	1	1	1
미국	0	1	1	1	1

<표 2>의 진리표를 가지고 시장원리를 활용한 행정개혁의 발생조건을 찾으려면, 첫째, 시장을 활용하여 행정개혁을 한 국가사례를 찾아야 한다. 표에 의하면 12개 국가사례 중에서 7개에 해당하는 호주, 캐나다, 핀란드, 이탈리아, 뉴질랜드, 영국, 미국이 확인되었다. 둘째, 시장형 행정개혁을 뒷받침한 정치적 조건을 구하기 위하여 7개 해당 국가의 속성을 정리하였다. 호주, 캐나다, 미국은 동일한 정치적 속성을 가지고 있는 것으로 나타났다. 이들 사례는 공통적으로 국가의 구조(A)는 연방제이고, 내각구성(B)은 다수제 방식으로 이루어지며, 행정문화(C)는 공공서비스를 제공하는 성향이 강하며, 정치와 관료의 관계(D)는 분리 독립적이다. 이러한 조건을 수식으로 표현하면

aBCD가 되는데, 소문자는 0, 대문자는 1을 의미한다.

이러한 방식으로 다른 국가들의 속성을 표현하자면, 핀란드는 AbcD, 이탈리아는 Abcd, 뉴질랜드와 영국은 ABCD가 된다. 이들 국가의 속성을 모두 합치면 aBCD+AbcD+Abcd+ABCD이 된다. 따라서 시장을 활용한 행정개혁(Y)이 추진된 정치적 조건(X)을 수식으로 표현하면, Y=aBCD+AbcD+Abcd+ABCD이 되는 것이다. 이 수식은 종속변수와 독립변수간 인과관계를 표현하고 있으며, 시장적 행정개혁은 4가지 조건에서 발생한다는 것을 보여준다.

3 유효한 독립변수의 조합을 최소화할 필요가 있다.

위의 진리표에 따르면 시장적 행정 개혁을 한 국가는 7개 국가이며, 이들 국가 중에서 정치적 속성이 동일한 국가들이 있어서, 개혁의 발생조건을 4가지로 줄일 수 있었다. 이 연구는 독립변수를 4개 선정하였기 때문에, 불가피하게 여러 개의 발생조건이 생겨난 것이다. 독립변수의 수가 많아지면 그만큼 경우의 수도 늘어나기 때문에 발생조건의 수가 많아질 것이다.

이처럼 복잡한 발생조건 속에서 유의미한 독립변수를 찾아내기 위해서는 방정식을 함축해야 한다. 부울 연산법에서 함축은 매우 중요한 의미가 있으며, 독립변수의 조합조건에서 중복성을 없애 발생조건을 최소화 하는 것 이다. 함축작업을 하면 발생조건의 수가 줄어들고 남은 최고함축요인을 도출하게 되는데, 이것이 연구자가 구하고자 하는 유의미한 독립변수이다.

예를 들어 Y=aBCD+AbcD+Abcd+ABCD 수식을 보면 첫 번째 조건인 aBCD와 마지막 조건인 ABCD의 경우에는 BCD를 공통으로 포함하고 있다. 여기서 BCD는 A변수가 존재하든 존재하지 않든 상관없이 Y를 초래하는 발생조건이다. 즉, ABCD와 aBCD는 BCD의 부분집합에 해당하기 때문에, aBCD+ABCD를 함축하면 BCD가 되는 것이다. 같은 방법으로 두 번째 조건인 AbcD와 세 번째 조건인 Abcd를 함축하면 Abc로 함축할 수 있다.

이러한 절차를 통해 행정개혁의 발생조건은 Y=BCD+Abc 수식으로 최소화할 수 있다. 함축된 방정식은 7개 분석대상 국가의 행정개혁을 설명하는 2가지의 조건 조합으로 축약된 것이다. 이처럼 축약을 통해 핵심적 조건을 선별하면, 설명의 엄밀성을 강화하는 데에 도움이 된다.

최종적으로 부울 방정식에서 최고함축요인을 도출하려면 필요조건, 충분조건, 필요충분조건의 논리를 활용하여야 한다. 예를 들어 Y=AB+AC 수식에서 A, B, C는 필요조건이다. 왜냐하면 종속변수가 발생하는 조건에서 필요한 존재이기 때문이다. 그러므로 필요조건이란 다른 요인과 조합을 이루어 결과가 발생하도록 하는 원인이다.

Y=A+BC에서 A는 충분조건이다. A라는 조건만으로도 종속변수를 발생시키는 데에 충분하기 때문이다. 하지만 A는 그 자체로서는 충분한 조건이지만, 유일한 조건은 아니며 결과를 초래하는 여러 조건 중의 하나에 불과하다. 그러므로 충분조건을 유일한 발생조건이라고 부를 수 없다. 반면에 Y=A에서 A는 필요충분조건이다. A는 결과를 초래하는 데 필요하면서 자신만으로 충분하기 때문이다.

위의 행정개혁에 관한 부울 연산법에서 최소화된 방정식은

Y=BCD+Abc이다. 이 수식은 4가지 독립변수가 모두 중요하게 작용한다는 점을 보여준다. 하지만, 변수 A가 가장 강한 설명력을 가지고 있음을 알 수 있다. A는 다른 독립변수와 조합하지 않고도 결과를 초래할 수 있는 충분조건이기 때문이다. 그 반면에 변수 B, C, D는 필요조건에 불과하다.

부울 연산법에서는 독립변수의 수가 늘어날수록 발생조건의 경우의 수가 많아지기 때문에 함축이 꼭 필요하다. 즉, 복수의 조건을 축약하여 가장 최소화된 조건으로 만들어야 한다. 하지만 함축이 제대로 잘 안 되는 방정식도 있다. 이것은 부울 연산법의 효용성을 떨어뜨리게 된다.

부울 연산법은 인과관계의 존재 여부만을 판정할 수 있고, 인과성의 깊이와 방향성에 관해서는 알려주지 못한다는 점에서 통계분석보다는 뒤떨어지는 측면이 있다. 그러나 이 연구 방법은 분석결과로 도출된 독립변수들이 필요조건, 충분조건, 필요충분조건 중에서 어느 것에 해당하는지에 관한 정보를 제공한다는 점에서 단순한 비교연구 방법보다는 뛰어난 면을 보인다.

4 부울 연산법에서 최소화된 방정식의 사례

시민사회의 성장은 각 나라의 정치와 문화적 전통에 의해 영향을 받아 다양한 수준으로 나타난다. 관련 주제에 관한 기존 연구를 검토하면, 시민사회의 성장을 설명하는 여러 가지 이론을 발견할 수 있다. 절대왕권의 지배(A)를 받은 역사적 경험은 시민사회의 성장을 저해한다는 이론이 있는가 하면, 개신교 문화(B), 자본가 계급의 부상(C), 노동계급의 결속(D) 등이 촉진 요인으로 작용한다는 이론들이 있다.

부울 연산법은 이러한 경쟁이론들이 주장하는 요인들을 모두 통합하여 분석할 수 있다. 그러므로 기존연구의 검토에서 논의된 요인들을 포함하여 아래와 같은 진리표를 만들었다. <표 3>에 의하면 종속변수인 시민사회의 성장을 측정할 수 있는 지표로서 시민들의 비영리단체 가입률을 채택하였고, 독립변수는 기존 이론에서 발견한 4가지 요인을 선택하였다. 연구 목적이 시민사회의 성장에 영향을 미치는 원인을 찾는 것이기 때문에 선행연구의 검토를 통해 촉진요인 3개(B, C, D)를 포함했지만, 검증 차원에서 장애 요인 1개(A)도 진리표에 넣었다.

분석을 위해 먼저 진리표에 있는 16개 국가 중에서 시민사회 가입률이 높은 나라 7개 국가에 해당하는 덴마크, 노르웨이, 아이슬란드, 스웨덴, 네덜란드, 미국, 핀란드를 선택하였다. 이들 국가의 정치 문화적 특성을 살펴보면, 덴마크는 ABCD이며, 노르웨이와 아이슬란드는 ABCd, 스웨덴은 aBCD, 네덜란드, 미국, 핀란드는 aBCd로 나타난다. 그러므로 시민들의 비영리단체 가입이 활성화되는 조건은 Y=ABCD+ABCd+aBCD+aBCd이다. 이 방정식을 축약하면 ABCD+ABCd는 ABC가 되고, aBCD+aBCd는 aBC가 되어 새로운 함축방정식은 Y=ABC+aBC가 된다. 이 방정식은 A의 존재여부와 상관없이 BC가 핵심요인으로 작용하기 때문에 다시 축약하여 최종적으로 Y=BC로 함축할 수 있다.

<표 3> 비영리조직 참여율에 관한 진리표

사례(n)	독립변수(X)				종속변수(Y)
	절대왕권의 지배(A)	개신교 문화(B)	자본가계급의 부상(C)	노동계급의 결속(D)	자발적 참여
덴마크	1	1	1	1	1
노르웨이	1	1	1	0	1
아이슬란드	1	1	1	0	1
스웨덴	0	1	1	1	1
네덜란드	0	1	1	0	1
미국	0	1	1	0	1
핀란드	0	1	1	0	1
독일	1	1	0	1	0
벨기에	0	0	1	1	0
오스트리아	1	0	0	1	0
영국	0	1	0	1	0
아일랜드	0	0	0	0	0
스위스	0	1	1	0	0
프랑스	1	0	1	0	0
이탈리아	1	0	1	1	0
스페인	1	0	0	0	0

 최종적으로 도출된 방정식을 해석하여 이 연구의 결론을 제시하자면, 서구사회에서 시민사회의 성장조건으로서 가장 중요한 요인은 개신교 문화와 자본가 계급의 부상이며, 이들 변수는 필요조건으로 작용한다는 것이다. 즉, 두 가지 변수가 동시에 존재하는 국가에서 시민사회의 성장이 이루어질 수 있다. 기존 연구에서 장애 요인으로 간주한 절대왕정의 경험은 이 연구에서도 타당한 것으로 입증되었다.
 이 연구의 이론적 함의는 첫째, 시민사회 성장의 촉진 요인으로 간

주하였던 노동계급의 결속은 분석 결과 별다른 영향력을 발휘하지 못하는 것으로 나타났다. 둘째, 시민사회의 성장에 종교와 계급 요인이 큰 영향을 주지만, 계급 요인 중에서는 자본가 계급이 노동계급보다 더 큰 설명력을 갖고 있는 것으로 드러났다.

부울 연산법의 분석 절차를 정리하면 다음과 같다. 첫째, 연구자의 관심이 있는 분석대상을 선정하여 종속변수로 삼는다. 둘째, 기존연구의 검토를 통해 종속변수의 발생에 영향을 초래하는 원인으로 어떠한 것들이 있는지 확인하고, 이론적 타당성이 높은 독립변수들을 선택한다. 셋째, 진리표를 작성한다. 각 사례별로 독립변수와 종속변수에 0과 1의 값을 부여한다. 넷째, 각 행에 표시된 조합 가운데 종속변수가 1에 해당하는 사례에서 나타나는 독립변수의 조합을 모아 부울 방정식을 만든다. 다섯째, 방정식에 포함된 조건 간에 중복성이 있는지 확인하여 최대한 함축한다.

| 토론꺼리 |

① 이항규칙이란 무엇인가?
② 부울 연산법에서 사용하는 사례의 수는?
③ 부울 연산법이 경쟁이론을 비교할 수 있는 논리는 무엇인가?
④ 진리표는 어떻게 작성하는가?
⑤ 진리표를 확장하는 방법을 말하세요.
⑥ 부울 연산법에서 독립변수를 대문자와 소문자로 표기하는 차이는 무엇인가?
⑦ 방정식의 함축은 어떻게 하는가?
⑧ 최고함축요인이란 무엇인가?
⑨ 필요조건, 충분조건, 필요충분조건을 설명하세요.
⑩ 부울 연산법에서 선행연구의 검토는 어떠한 도움을 주는가?
⑪ 부울 연산법의 절차를 설명하세요.

제10절

지역연구 내용분석

1 내용분석은 사례의 빈도와 비율을 활용하는 연구 방법이다.

내용분석은 서울에 교통신호등이 몇 개 있는지? 금년 여름 가장 더운 날 해운대 백사장에 몇 명의 피서객이 왔는지? 등의 질문에 답변을 할 수 있는 연구 방법이다. 이때 내용분석은 사례의 빈도와 비율을 활용하여 조사한다.

예를 들어, 서울의 교통신호등 수를 알아내기 위해서는 $1km^2$에 신호등이 몇 개 있는지를 조사한 후, 서울의 전체면적을 곱하면 되는 것이다. 마찬가지로 해운대 피서객 수는 백사장 $1m^2$ 당 몇 명이 있는지를 조사한 후 전체면적을 곱하는 것이다. 이처럼 내용분석은 단위 면적당 신호등이나 피서객의 빈도수를 조사한 후 총면적에 대한 비율을 확인하여 계산하는 것이다.

내용분석을 활용하면 방대한 자료 속에서도 연구자가 관심 있는 속성을 찾아 분석에 쓸 수 있다. 언론 연구는 내용분석 방법을 아주 많이 활용하는 학문 분야이다. 예를 들면, 선거기간 뉴스 보도의 공정성에 관한 연구는 분석을 통해 이루어진다. 선거운동에 관한 보도 기사를 분석하여 여당과 야당 후보에게 각각 할애된 보도 분량을 1차적으로 비교하는 것이다. 양적인 분석을 한 다음에는 보도 기사가 후보에게 긍정적인 내용인지 아니면 부정적인지 질적 분석을 하면 최종적으로 언론 보도의 편파성 여부를 정확하게 알아낼 수 있을 것이다.

내용분석을 통해 일본 언론의 독도 영유권에 관한 보도를 분석할 수 있다. 일본 신문을 분석자료집으로 선정하여 독도 영유권을 정당화하는 배경이 역사, 경제, 안보 중에서 어느 것인지를 분석할 수 있다. 즉, 역사적 근거를 제시하고 있는지, 독도 주변 해역의 경제적 이득을 강조하는지, 독도의 지정학적 안보 가치를 내세우는지를 확인하는 것이다. 이 경우 신문의 모든 보도 내용을 분석 대상으로 삼아도 되지만 논설을 대상으로 하는 것이 자료의 일관성을 확보하는 데에 도움이 된다.

그리고 독도 영유권에 관한 보도 내용을 신문사의 정치적 성향과 연계하여 분석하면 흥미로운 연구 결과를 얻을 수 있다. 보수성향과 진보성향의 신문사에 따라 어떠한 보도의 차이가 있는지 그리고 필요하다면 중도성향의 신문도 분석에 추가할 수 있다. 또한 언론 보도는 정부의 입장을 반영하기 때문에, 일본의 정권에 따라 독도 영유권에 관한 보도도 변화양상을 보일 수 있고, 이러한 변수를 분석에 활용할 수 있다.

최근 정보통신이 발달하면서 내용분석의 대상이 신문과 방송에서 소셜 미디어로 바뀌고 있다. 소셜 미디어를 분석하여 큰 성공을 거둔 대표적인 연구는 2016년 미국 대선에서 트럼프의 승리를 예측한 결과분석이다. 당시 거의 모든 신문과 방송은 힐러리 클린턴의 승리를 점쳤다. 소셜 미디어는 유권자의 심리를 보여주는 1차 자료인 반면에 언론 보도는 2차 자료의 성격이 가지고 있기 때문에 국민의 정서를 정확하게 보여주지 못한 것이다.

　내용분석은 비교문학 연구에서도 사용된다. 예를 들어 한국과 일본의 문학을 비교하여 어느 나라의 문학이 더 비극적인지를 조사하는 연구에서는 양국의 비극소설 5편을 분석자료로 선택하고, 소설에서 사용되는 비극적 어휘의 수를 계산하는 것이다. 이 작업을 위해 연구자는 비극적 어휘를 모은 리스트를 사전에 마련할 필요가 있는데, 이것을 내용분석 단어사전이라고 부른다. 이 사전에 수록된 단어를 기준으로 소설에서 나타나는 비극적 표현의 빈도를 측정하는 것이다. 물론 분석의 정확도를 높이기 위해 단어에 가중치를 주어 표현의 강, 중, 약의 수준으로 세분화하여 측정할 수도 있다.

2 내용분석의 목적은 잡음 속에서 신호를 찾는 것이다.

　내용분석이란 전달된 메시지의 고유한 특성을 객관적인 방법으로 규명하는 추정의 기술이다. 신문, 방송, 전단지 등의 의사전달 매체에 담겨있는 메시지의 특성을 체계적으로 파악함으로써 진실의 실체를 추리하는 방법이며, 언론이 발달하고 사회적 의사소통이 폭발적으로 늘어나면서 그 중요성이 커지고 있다.

내용분석 방법은 양차 세계대전 중에 절실하게 필요하였던 정보전을 수행하는 과정에서 개발되었다. 전쟁이라는 급박한 상황에서 적에 관한 정보가 시시각각으로 필요했던 정보 분석가들은 유익한 정보를 모으기 위해 적의 선전물을 분석하였다. 적이 교란용으로 살포한 전단지는 신뢰할 수 없는 내용을 담고 있었지만, 자신들에게 전세가 불리하다고 느낄수록 선전내용이 강경해진다는 패턴을 발견하였다.

내용분석의 대상은 전단지 이외에도 적국의 신문과 방송, 부대 간의 교신내용 등과 같은 다양한 자료가 활용되었다. 다양한 경로를 통해 수집한 정보는 그 양이 많아 그 속에는 신호와 잡음이 혼재하고 있었고, 내용분석은 선전물 분석을 통해 적의 전투 목표와 사기 수준 등 중요한 정보를 수집하는 데에 도움을 주었다. 이것은 불필요한 잡음 속에서 의미 있는 신호를 분리해내는 작업이다.

이차대전이 끝나고 냉전에 돌입하게 되면서 내용분석 방법은 공산권 국가의 언론 보도 기사를 분석하는 데에 사용되었다. 자유 언론의 문화가 없는 나라의 선전용 보도 기사는 신뢰성과 정보가치가 없는 자료였지만, 공산권에 관한 정보가 부족한 상황에서 매일 발간되는 신문을 적극적으로 활용하여 마치 백사장에서 조개껍질을 찾아내듯 의미 있는 정보를 획득할 필요가 있었기 때문이다.

당시 소련에서는 당, 정부, 의회 모두 독자적으로 기관지를 발행하고 있었는데, 이들 신문은 똑같은 목소리로 보도를 하는 성향을 보였다. 그런데 소련 언론이 이념적으로 민감한 이슈에서는 서로 다른 보도 자세를 취한다는 사실이 내용분석을 통해 밝혀졌다. 이러한 연구 결과가 축적되면서 서구에서는 소련 체제의 다원성을 주장하는 이론이 대두하였다.

소련에서 이념논쟁은 주로 경제개혁을 둘러싸고 벌어졌다. 소련은 사회주의 경제체제의 문제점을 극복하기 위하여 시장제도를 도입하는 개혁을 여러 차례 시도했는데, 개혁을 둘러싸고 당내 지도층에서는 크고 작은 갈등이 생겨났다. 당내 갈등은 기관지 논설을 통해 드러났는데, 개혁파는 경제개혁이 사회주의 이념을 포기하는 것이 아니라는 점을 강조하면서 인민이 개혁을 지지하도록 선전하였다. 이와 달리 보수파는 개혁으로 인해 사회주의 체제가 퇴행한다고 보고, 인민의 사상적 무장에 나섰다.

소련 붕괴의 배경 요인이 되었던 고르바초프의 페레스트로이카 경제개혁은 가장 큰 지도부 갈등을 초래하였다. 이러한 언론의 보도행태 때문에 서방의 정보기관은 소련의 경제개혁 시도를 사전에 간파할 수 있었다. 공산권 지도층에 관한 내용분석의 전통은 오늘날 폐쇄적인 국가를 이끄는 정치지도자의 연설 내용을 키워드 중심으로 분석하여 그 정치적 의도를 규명하는 연구로 이어지고 있다.

내용분석은 담론분석과 구분되는 연구 방법이다. 담론은 주로 사회적 강자에 의해 구사되고, 자신들의 기득권 유지를 위해 사용한다. 정치는 지배 담론을 통제하는 권한을 서로 차지하려는 투쟁이다. 유권자에게 자신들의 이념이나 아이디어를 불어넣을 수 있는 정당은 선거에서 승리하게 된다. 대처 총리는 애국심, 법치주의 같은 보수적 가치에 고전적 자유시장 가치를 결합하여 신자유주의 지배 담론을 만들어내었고, 대처주의로 영국정치를 20년간 지배하였다.

구성주의적 시각에 의하면 현실 세계는 물질에 의미를 부여함으로써 구성된 사회적 관계 공간이다. 담론은 사회적 지배 관계를 구축하는 수단으로 사용되며, 선과 악, 문명과 야만, 민주주의와 독재 등 이분법적으로 만들어진다. 그리하여 지배 세력은 밝고 선하게 표현하고, 반대세력은 어둡고 악하게 표현한다. 하지만 한번 생성된 지배 담론은 저항 담론의 도전을 받아 사라지게 되고, 새로운 지배 엘리트의 담론으로 대체된다.

3 내용분석의 주요절차

내용분석의 첫 번째 단계는 분석주제를 선정하고 가설을 설정하는 것이다. 예를 들어 "브렉시트에 대한 영국 정치인의 태도"를 분석주제로 선정하면, 이러한 주제를 연구하는 데에 필요한 가설로서 "보수 정치인보다 진보 정치인이 더 찬성하는 입장을 보인다"를 설정할 수 있다. 사실 통계분석에서는 가설이 꼭 필요하지만, 질적 분석에서는 필수적인 것은 아니다.

그렇지만 가설을 설정하면 연구의 목적이 명확해지고 분석을 위한 구체적인 디자인이 가능해지는 것이다. "영국 정치인의 태도"를 연구주제로 선정할 경우, 정치인의 태도를 어떻게 측정할지 막연하다. 하지만, 연구주제를 "보수와 진보 정치인의 찬성 입장 비교"라는 가설로 구체화하여 제시하면 분석이 훨씬 용이해지는 것이다.

둘째, 내용분석을 할 자료집을 채택해야 한다. 이때 먼저 고려해야 할 사항은 연구자가 분석하려는 자료가 이용 가능한지 여부이다. 국가 정책상 비공개 문서이거나 자료의 신뢰성이 모호한 자료는 내용분석의 대상으로 적절치 않다. 특히 지역연구는 외국 정부나 기업의 내부문서를 분석하는 경우가 많은데, 분석대상 자료집이 도서관이나 인터넷에서 이용 가능한지 먼저 점검해야 한다.

사실 내용분석에 가장 적합한 자료집은 결권이 없고 연구자가 수시로 이용 가능한 공신력 있는 정기 간행물이다. 신문의 경우에는 보도의 파급효과가 큰 사설이나 1면 기사를 선택하는 것이 좋다. 신문 이외에도 대통령의 연두교서, 재판기록, 정당의 정강정책 등을 활용할 수 있다. 물론 연구 목적에 부합한다면 혹은 자료수집 환경 때문에 불가피하게 공신력과 무관한 자료를 분석대상으로 삼을 수 있다. 가장 대표적인 예가 적군의 선전물이다.

그리고 자료집을 찾을 때, 이왕이면 연구가설을 지지할 가능성이 높은 자료집보다 연구가설을 배격할 가능성이 높은 자료집을 선택하는 것이 바람직하다. 왜냐하면 이론검증에서는 지지 보다 반증이 더 의미 있는 연구 결과로 평가되며, 만일 이론을 지지하는 결론이 나오더라도 반박 가능성이 높은 자료를 가지고 검증했기 때문에 연구 결과의 신뢰도가 매우 높아질 것이다.

만일 분석대상 자료집이 너무 방대하여 분석의 시간과 비용을 절감할 필요가 있으면, 수집한 자료를 모두 내용분석하는 것이 아니라 일부 자료를 표본으로 추출하여 분석할 수 있다. 이때 분석결과의 신뢰도를 높이기 위하여, 대표성 있는 표본을 추출해야 하며, 이를 위해서는 무작위 표본추출 방법이 가장 바람직하다.

셋째, 분석을 위한 분류기준을 채택해야 한다. 분류기준은 여러 가지가 있는데, 먼저 관찰하고자 하는 현상의 존재 여부를 조사하는 가장 단순한 분류기준을 채택할 수 있다. 예를 들어 크기, 색깔, 길이 등을 분류기준으로 삼을 수 있다. 신문 보도에서 얼마나 많이 다루었는지를 측정하는 기준은 크기이며, 방송 보도에서 다룬 기사의 측정기준은 길이이다. 광고에서 어떤 색깔을 사용하는지를 내용분석할 수도 있다. 이보다 정교하고 이론적 타당성이 높은 내용분석을 하려면 긍정/부정, 찬성/반대, 개인주의/집단주의, 중앙/지방, 민족주의/국제주의 등과 같은 분류기준을 채택해야 한다.

넷째, 분류기준이 채택되면 자료집에 있는 관련 내용을 수량화해야 한다. 수량화의 최소단위는 단어이다. 자료집에서 분류기준을 충족하는 단어를 추출하여 계산하는 것은 가장 명확하고 신뢰성을 극대화할 수 있는 방식이다. 하지만 이러한 수량화는 경직된 방법으로서 문장의 맥락에서 떨어져 나온 단어는 원래의 사용의미와 다를 수 있다. 그러므로 수량화 단위를 문장이나 문단으로 확대하면, 분석의 타당성이 커지게 된다.

하지만 분석단위를 확대하면 분석이 유연해지면서 정확성을 높이는 장점을 얻게 되지만, 그 대신 분석자의 주관적 판단이 개입할 여지가 커지면서 분석의 일관성이 떨어질 수 있다. 단어를 분석의 기본단위로 사용하여 분석의 신뢰성을 극대화하는 것이 전통적인 내용분석이며, 분석 결과의 타당성을 극대화하기 위하여 분석의 단위를 확장하게 되면 내용분석이 아니라 문헌분석 혹은 담론분석에 가깝게 된다. 내용분석과 문헌분석은 동일한 측정 논리를 사용하지만, 분석의 단위에 따라 구별되는 것이다.

단어를 기본단위로 사용하여 내용분석을 할 경우, 과거에는 연구자가 자료를 읽고 단어를 찾아내는 식으로 수작업을 하였지만, 최근 각종 소프트웨어가 개발되어, 전산으로 처리할 방법이 생겨나고 있다. 대표적인 내용분석 프로그램으로 WordStat가 있다. 모든 분석 소프트웨어는 같은 원리에 의해 구동되는데, 연구자가 분류기준에 따라 내용분석 단어사전을 만들면, 컴퓨터가 사전에 등재된 단어들이 자료집에 몇 개 있는지를 알려주는 것이다. 이러한 전산용 패키지를 이용하려면 자료집이 디지털화되어야 하는데, 오늘날 신문, 저널, 연설문 등의 인쇄물이 전자문서 형태로 동시 발간되고 있을 뿐만 아니라, 고

문서도 디지털화 작업이 추진되고 있어서 내용분석을 위한 자료수집 환경이 좋아지고 있다.

내용분석의 강점은 자연적 상태에서 연구자가 독자적으로 연구를 수행할 수 있다는 것이다. 분석대상이 이미 발행된 문서이기 때문에, 분석자료를 창출하기 위하여 면담조사나 설문조사를 하는 등 인위적인 노력을 기울일 필요가 없다는 것이다. 이것은 자료 창출을 위한 응답자의 협력 없이 연구하는 것이 가능하며 자료수집의 비용을 줄이는 데에 큰 도움이 된다.

그런데 내용분석을 할 때 유의해야 할 사항이 몇 가지 있다. 첫째, 정형적 오류의 가능성이 있다. 똑같은 단어가 서로 다른 사회와 문화에서 서로 다르게 해석될 수 있는 것이다. 그러므로 국가 간 비교연구를 위해 내용분석을 할 때는 지역연구자가 연구에 참여하여 내부적 시각을 갖고 해석을 해줄 필요가 있다.

둘째, 시간의 흐름에 따른 현상 변화를 조사할 때 허구적 추세가 나타날 수 있다. 예를 들어 세월이 흐르면서 정기간행물의 분량이 많아지고, 그에 따라 내용분석 대상 단어의 빈도수가 늘어날 수 있는데, 이것은 출판물의 자연 증가에 연유한 것이며, 이러한 추세가 분석의 결과에 영향을 주어서는 안 되는 것이다.

셋째, 언어 표현의 한계와 왜곡성이다. 행위자의 의도가 문헌에 완벽하게 재현된다고 보기 어렵다. 그리고 연설과 성명서를 통해 기만하는 경우도 종종 있다. 따라서 내용분석을 하는 연구자들은 이러한 점을 참작하여 분석대상 자료의 진정성에 대한 비판적 시각을 견지할 필요가 있다.

4 내용분석을 활용한 연구사례

한국과 중국의 인터넷 광고를 비교 분석한 연구는 급성장하고 있는 중국의 인터넷 광고시장을 이해하고 중국 진출을 도모하는 한국 기업들에게 어떠한 광고전략으로 중국 시장을 공략할 수 있는지 도움을 주기 위해 진행되었다. 이 연구는 한국과 중국의 인터넷 광고의 특징을 도출하기 위하여 내용분석 방법을 사용하였는데, 분석을 위한 분류기준으로는 첫째, 광고에 사용된 색깔, 둘째, 광고의 길이, 셋째, 광고모델의 속성으로서 인간 혹은 비인간 중에서 무엇을 모델로 사용했는지 여부, 넷째, 광고의 주제로서 개인주의와 집단주의 문화의 표현 등 4가지를 설정하였다.

분류기준 중에서 첫 번째에서 세 번째까지는 광고의 특징에 관한 단순 정보제공 차원에서 설정한 것이고, 네 번째 기준인 개인주의와 집단주의는 광고가 전달하려는 메시지를 파악하려는 의도로 설정하였는데, 이론적 유용성이 있는 분석적인 분류기준이다.

내용분석을 위한 자료집으로 한중 양국의 인터넷 광고배너를 선택하였다. 조사 결과를 소개하면, 광고 길이를 측정하기 위하여 글자 수를 계산한 결과 중국의 광고가 한국보다 짧은 것으로 나타났으며, 색깔에서는 한국이 혼합색을 주로 사용하는 반면에 중국은 원색을 사용하며 그중에서도 빨간색과 노란색을 많이 사용하였다. 사용 모델의 경우 양국 모두 인물을 적게 사용하고 인간이 아닌 모델을 더 많이 사용했다. 광고 주제는 양국에서 서로 다른 차이가 있는데, 한국은 개인주의 문화를 강조하고, 중국은 집단주의 문화를 강조하는 것으로 나타난다.

중일 간에는 센카쿠/댜오위다오 섬을 둘러싼 분쟁이 있는데, 양국 간의 도서 분쟁에 대한 일본 언론의 보도 태도를 내용분석한 연구에서는 분류기준으로 일본국익 중시 태도, 중립적 태도, 중일 관계 악화 우려를 설정하였다. 일본 국익 중시란 일본의 입장을 강조하는 민족주의적 보도 태도를 말한다. 중립적 태도란 분쟁 사건 발생에 관한 보도에서 한쪽 편을 드는 편파성을 보이는 것이 아니라 비교적 공정하게 사실 보도를 하는 태도이다. 중일 관계 악화 우려란 도서 분쟁이 양국의 우호관계를 해칠 것을 우려하는 태도를 의미한다.

자료집으로는 일본의 4대 전국지 중에서 아사히 신문, 요미우리 신문, 마이니치 신문을 선택하였으며, 분석 시기는 2010년 9월 분쟁 도서 인근 해역에서 발생한 선박 충돌 사건부터 2012년 4월 동경 도지사의 분쟁 도서 구매 발언까지 약 19개월로 한정하고, 이 시기에 관련 이슈를 다룬 사설을 분석대상으로 선택하였다.

분석 결과를 보면 요미우리와 마이니치는 일본의 입장을 대변하는 경향을 보였고, 아사히는 양국 우호관계를 우려하는 태도를 보였다. 이러한 연구 결과는 신문사의 정치적 성향과 일맥상통하였다. 요미우리는 보수성향, 마이니치는 중도성향, 아사히는 진보성향을 보이는 신문이다.

미국, 프랑스, 한국의 대통령 선거 TV토론을 내용분석한 흥미로운 연구가 있다. 이 연구는 3국의 선거방송 토론이 어떠한 공통점과 차이점이 있는지를 알아보는 것을 목적으로 하고 있다. 사례 비교를 위한 첫 번째 분석기준은 토론전략으로서 칭찬, 공격, 방어를 선정하였는데, 칭찬은 자신에 관한 긍정적인 진술을 말하며, 공격은 상대방에 대해 부정적인 진술을 하는 것이고, 방어란 상대의 공격에 반박하는 것이다. 두 번째 분류기준은 정책과 인물로서 후보자가 자신의 경쟁력을 부각하기 위하여 정책을 강조하는지 인물을 강조하는지를 살펴보는 것이다.

분석자료집으로는 연구 시점을 기준으로 각국에서 가장 최근에 실시된 두 차례의 선거 토론방송을 선택하였다. 분석 결과를 보면, 3국 모두에서 후보들이 토론전략으로 칭찬을 가장 많이 사용하고, 공격과 방어를 각각 그다음 순서로 사용한 것으로 나타났다. 그리고 토론 주제의 경우에는 3개국 모두 인물보다 정책을 훨씬 많이 강조하였다.

이와 유사한 사례로서 일본의 선거 광고를 내용분석한 연구가 있다. 이 연구는 2009년에 실시된 일본 하원인 중의원 선거에서 사용된 주요 정당들의 광고를 분석하였다. 분석주제는 각 정당이 선거 광고에서 제시하는 메시지의 특징을 파악하는 것이다.

분석을 위해 여러 가지 분류기준을 설정하였는데, 첫째는 이슈 광고와 이미지 광고이다. 이슈를 강조하는 광고란 주요 정책적 쟁점에 대한 입장을 밝히는 광고이며, 이미지 광고는 후보의 자질이나 경력을 강조하는 광고를 말한다. 둘째는 긍정적 광고와 부정적 광고이다. 긍정적 광고는 후보자와 정당에 대한 지지를 촉구하는 것이고, 부정적 광고는 상대 후보와 정당을 공격하고 비판하는 메시지를 담고 있다. 셋째는 논리적 호소, 감성적 호소, 윤리적 호소인데, 논리적 호소는 유권자를 설득하기 위해 사실적 증거를 제시하는 기법이고, 감성적 호소는 유권자의 공감과 동정심을 유발하기 위한 목적을 가지며, 윤리적 호소는 후보자의 자격과 적합성을 강조하는 기법이다.

자료집은 아사히 신문, 요미우리 신문, 산케이 신문, 니혼게이자이 신문 등 4대 전국일간지를 선정하였다. 분석 시기는 2009년 8월 1일부터 투표일인 8월30일까지 한 달 동안 게재된 선거 광고 58편이다. 내용분석 결과를 보면 첫째, 이미지 광고가 이슈 광고보다 압도적으로 많았고, 둘째, 긍정적 광고가 부정적 광고보다 훨씬 많았으며, 셋째, 논리적 호소와 감성적 호소를 혼합한 기법이 가장 많았으며, 윤리적 호소는 전무하였다.

2014년에 러시아와 우크라이나 간에 전쟁이 발생하였다. 러시아는 우크라이나의 크림반도를 러시아 영토로 합병하였고, 돈바스 지역에서 러시아 소수민족이 벌인 분리주의 내전을 지원하였다. 이 전쟁에 관한 러시아 언론의 보도 태도를 내용분석한 연구가 있는데, 연구 주제는 러시아의 우크라이나 전쟁 개입 동기이다.

이 연구는 러시아 언론 보도에서 드러난 전쟁 개입 동기를 4가지 분류기준으로 분석하였는데, 지정학적 우려, 안보 위협, 동포 보호, 공동의 역사 인식이다. 지정학적 우려란 친 서방 노선으로 선회한 우크라이나의 태도에 대한 우려이다. 안보 위협이란 우크라이나의 나토 가입 가능성이며 이를 사전차단하기 위해 군사적 개입이 필요하였다는 것이다. 동포 보호는 우크라이나에 사는 러시아인을 보호할 의무를 말하며, 공동의 역사 인식이란 러시아와 우크라이나가 공유하고 있는 과거 역사와 전통이다.

내용분석을 위한 자료집으로는 러시아에서 가장 영향력이 있는 일간지 중에서 코메르산트, 라시이스카야 가제타, 이즈베스티야 3개를 선택하였고, 분석 시기를 보면, 크림반도와 돈바스에서 각각 주민투표가 실시된 이후 발행된 1개월 치 보도 기사를 분석하였다. 분석 결과에 따르면 러시아의 전쟁 동기는 개입 지역별로 다르게 나타나는데, 크림합병에 관한 보도 기사에서는 안보위협과 공동의 역사 인식이 중요하게 등장한다. 크림반도가 군사 전략적 요충지라는 점과 러시아가 영유권을 주장하는 지역이라는 점을 부각하고 있다. 반면에 돈바스 지역에 관한 보도에서는 동포 보호가 강조되고 있다. 즉, 이

지역에 거주하는 러시아인의 권리 보호를 중요하게 다루고 있다.

| 토론꺼리 |

① 삼성 로고가 있는 유니폼을 입고 월드컵 결승전을 한 축구팀의 광고효과는 얼마인가?
② 신문의 보도사진을 활용하여 선거 보도의 공정성을 조사하려면 어떻게 내용분석할 것인가?
③ 내용분석 단어사전이란 무엇인가?
④ 전시에 내용분석은 정보전에 어떻게 활용되었나?
⑤ 소련 연구에서 내용분석이 거둔 성과는 무엇인가?
⑥ 담론이란 무엇인가?
⑦ 내용분석에 사용할 자료집에 관하여 설명하세요.
⑧ 내용분석을 위한 분류기준에는 어떤 것들이 있나요?
⑨ 내용분석과 문헌분석의 차이를 설명하세요.
⑩ 내용분석의 장점은 무엇인가?
⑪ 내용분석 시 유의해야 할 사항은 무엇인가?
⑫ 상품 광고를 내용분석 할 경우 사용할 수 있는 분류기준은 무엇인가?
⑬ 국제분쟁에 대한 언론의 보도 태도를 내용분석 할 때 사용할 수 있는 분류기준은 무엇인가?
⑭ 선거방송 토론을 내용분석 할 때 사용할 수 있는 분류기준은 무엇인가?
⑮ 선거용 광고를 내용분석 할 때 사용할 수 있는 분류기준은 무엇인가?
⑯ 전쟁동기를 내용분석 할 때 사용할 수 있는 분류기준은 무엇인가?

제4장
자료조사와 글쓰기

제11절

자료수집 조사 기법

1 문헌조사는 가장 필수적인 자료수집 방법이다.

아무리 요리기술이 뛰어나도 좋은 식재료가 없으면 맛있는 요리를 만들기 어렵듯이, 좋은 연구를 위해서는 신뢰할 수 있는 분석 자료를 풍부하게 수집하는 것이 필요하다. 자료수집을 할 때는 가능한 1차 자료를 수집하는 것이 중요하다. 신선한 식재료처럼 1차 자료는 가공되지 않은 원자료이기 때문에 연구의 독창성과 정확성을 높이는 데에 도움이 되기 때문이다.

1차 자료는 일반간행물(episodic record)과 연속간행물(running record) 두 가지로 분류된다. 일반간행물은 일기, 메모, 원고, 편지, 자서전, 브로슈어, 팸플릿, 포스터 등과 같이 일회성 혹은 비정기적으로 생산된 자료로서 주로 질적 분석에 사용된다. 연속간행물은 선거결과, 의회표결, 법원판결, 정부법안, 범죄통계, 선거비용, 연설, 언론보도, 인명록 등 정기적으로 생산되는 자료로서 내용분석이나 통계분석과 같은 양적 연구에 적합하다.

1차 자료는 사건이 발생하는 시점에 생산되고, 내부자 혹은 제한된 관련자들이 참여하여 만든다. 그러므로 현장성이 뛰어난 생생한 자료이다. 그런데 1차 자료 중에서 쉽게 접근하기 힘든 문서들이 많다. 대체로 일기는 일반에게 공개하지 않는 비밀스러운 기록이다. 또한 공식문서 중에서 대표적 비밀문서는 정부 보관기록이며, 보통 30년의 비공개 기간을 거친 후에 열람이 가능하다.

2차 자료는 사건이 발생한 직후에 생산되어 제공되는 자료이며, 연구자에 의해 가공된 논문과 보고서가 주종을 이룬다. 이들 자료는 연구자의 관심과 시각이 반영되어 있다. 그러므로 2차 자료에 과도하게 의존하게 되면 연구의 독창성을 잃게 된다. 2차 자료는 선행연구의 검토를 위해 주로 사용하는 것이 좋다.

최근에는 3차 자료라는 개념이 새롭게 대두하고 있는데, 사건을 회고적 관점에서 재구성한 자료이다. 과거 사건에 대한 실증적 자료가 부족한 상황에서는 이를 보완하는 차원에서 증언이나 고백이 구술사적 관점에서 생산되고 있는데, 이러한 자료들의 경우에는 회고하는 증언자의 기억이 흐리거나 의도적인 왜곡이 있을 수 있어서, 매우 조심스럽게 취급해야 한다.

원칙적으로 학문 연구에서는 1차 자료에 충실하고, 2차 자료와 3차 자료는 보완적으로 사용할 것을 강조하고 있다. 그런데 현실에서는 2차 및 3차 자료의 빈번한 사용이 이루어지고 있다. 우리 주변에서는 엄청난 양의 자료가 존재한다. 왜냐하면, 수많은 개인과 기관들이 끊임없이 자료를 생산하고 있기 때문이다. 따라서 방대한 자료를 실증적 분석에 적합하게 잘 활용하기 위해서는 1차 자료, 2차 자료, 3차 자료를 제대로 구별하는 능력을 키워야 할 것이다.

문헌조사는 이미 발행된 발간물을 수집하는 것으로서 모든 연구에서 필수적으로 행해야 하는 작업이다. 게다가 면담, 설문, 관찰 등과 같은 다른 자료수집 방법보다 시간과 비용이 적게 드는 장점 때문에 널리 애용되고 있다. 특히 대부분의 연구는 제한된 시간에 이루어져야 하므로, 이미 소장된 문헌자료를 찾아 분석하는 것이 일반적이다.

그런데 도서관에 소장된 집합자료는 연구자의 분석 의도와 무관하게 사전에 출판되었기 때문에, 수집한 자료가 연구자의 연구계획을 정확하게 뒷받침한다는 보장이 없다. 그러므로 문헌조사시 조사계획을 세워 연구자의 의도에 부합하는 자료를 효과적으로 수집하여야 한다.

오늘날 디지털 시대를 맞이하여, 온라인 자료검색이 매우 발달하여 도서관이나 정부 기관 등과 같이 자료가 소장된 장소를 일일이 방문하는 수고를 덜어주고 있다. 따라서 연구자들은 웹 사이트를 적극적으로 활용하여 자료를 수집하는 기법을 평소에 익혀 둘 필요가 있다. 일반적으로 도서관은 이용자를 위해 자료 이용법에 관한 정보를 제공하고 있다. 게다가 지역연구자는 본인의 관심 지역에 관한 자료가 많이 있는 웹 사이트 주소 리스트를 가지고 있어야 한다.

예를 들어 관심 국가의 통계청 자료실에서 주요 통계수치를 얻을 수 있고, 정부와 의회 자료실에서 각종 정책자료, 보도자료, 연설문 등을 얻을 수 있다. 또한 주요 국가의 싱크탱크 웹 사이트에 접근하면 시사성이 높은 주제를 다룬 각종 연구보고서를 수시로 구할 수 있다. 또한 나라마다 주요 신문을 데이터베이스화해서 온라인으로 제공하고 있으며, 우리나라의 경우에는 한국언론진흥재단이 통합뉴스서비스 웹 사이트를 제공하고 있다.

자료수집 조사 기법에는 여러 종류가 있지만, 좋은 연구를 위한 방법은 다양한 기법들을 모두 활용하여 자료를 수집하는 것이다. 왜냐하면 서로 다른 방식으로 수집된 자료들은 상호 검증 및 보완을 가능하게 해주기 때문이다. 사실 연구자의 주장을 객관적으로 입증하기 위해서는 다양한 증거자료를 수집할 필요가 있다.

이것을 자료수집의 '다각화'라고 부른다. 우리가 사물을 바라볼 때, 여러 각도에서 바라보는 것이 정확하고 객관적으로 볼 수 있는 이치이다. 문헌조사가 이미 발간된 자료를 단순 수집하는 방법이라면, 면담조사, 설문조사, 참여관찰 등은 연구자가 자신의 연구 목적에 적합한 자료를 맞춤형으로 만들어낸다는 점에서 효용성이 큰 기법이다.

2 면담조사는 질적 자료를 수집할 수 있는 기법이다.

면담조사란 응답자를 만나서 구한 답변으로 분석 자료를 구축하는 기법이다. 면담을 실시할 때 조사자는 먼저 응답자에게 조사목적에 관하여 간략하고 솔직하게 설명하고, 왜 면담 대상자로 선정되었는지를 알려야 한다. 그리고 면담에 참여하게 되면 유익한 점이 무엇인지를 알려주어 참여 의욕을 높이는 것이 좋다.

질문은 중요도에 따라 본질적 질문, 필요한 질문, 기타 질문 등 3가지로 구성하여 시간이 허용하는 범위 내에서 순서대로 묻는다. 물론 조사자는 미리 준비하지 않은 주제에 대해서도 응답자가 답변을 할 수 있도록 개방적인 면담 자세를 보여야 한다. 면담을 능숙하게 진행하려면 조사자와 응답자의 역할을 사전에 연습하는 역할훈련이 필요하다. 특히 응답자의 역할을 해보면, 조사자로서 어떻게 질문을 하는 것이 좋은 것인지 체험하게 된다.

　면담자는 조사하기 전에 질의 사항에 관한 사전 문헌조사를 해야 한다. 왜냐하면, 인터넷이나 출판물을 통해 충분히 얻을 수 있는 내용을 질문하는 것은 시간 낭비이기 때문이다. 그리고 조사자가 풍부한 사전지식을 가지고 질문을 할 때 응답자는 면담에 충실하게 응하게 된다.

　면담조사의 유형으로는 지시적 면담(directive interview)과 비지시적 면담(non-directive interview)이 있다. 지시적 면담은 질문지를 사전에 제공하여 면담하는 방법이고, 비지시적 면담은 사전 질문지 없이 자유롭게 질의응답을 하는 것이다. 비지시적 면담의 장점은 편하고 자연스러운 분위기에서 면담을 진행할 수 있고, 조사자가 예상하지 않은 정보를 얻을 수 있다는 것이다. 응답자가 의미 있는 답변을 할 때마다 조사자는 관심과 흥미를 보임으로써 생산적인 면담 결과를 얻을 수 있다.

　면담이 끝난 후에는 가능한 빠른 시간 내에 녹취록을 작성해야 한다. 메모나 녹음만으로는 나중에 이해하기 어려운 내용이 있기 때문에, 면담의 기억이 생생할 때, 녹취록을 만드는 것이 좋다. 그리고 녹취를 하면 좋은 점은 다음 응답자와의 후속 면담에서 필요한 새로운 질문꺼리를 얻을 수 있다는 것이다. 일반적으로 30분 면담을 하면 2시간의 녹취작업이 필요하다.

　면담조사 시 유의할 사항은 상대의 답변을 반박하거나 논쟁하려고 하지 말아야 한다. 면담을 자유로운 대화처럼 이끌어가되 응답자가 면담의 초점을 흐리지 않도록 진행능력을 발휘할 필요가 있다. 면담조사를 공정하고 객관적으로 진행하기 위해 조사자는 특정한 응답자의 의견에 지나치게 의존하는 것을 피하고, 반대 견해를 가진 면담자의 증언도 수집할 필요가 있다. 면담조사에서 발생할 수 있는 문제점으로 질의자 효과와 속임수가 있다. 질의자 효과란 응답자의 대답을 면담자의 주관에 따라 다르게 받아들여 진의가 왜곡되는 것을 말한다. 속임수란 조사자가 자신이 면담한 내용 이외의 사항을 면담기록에 가필하는 것을 말한다.

면담조사는 개별 면담이 일반적이지만, 집단면담 방식을 사용하기도 한다. 집단면담의 대표적 유형으로서 포커스 그룹 면담은 응답자와 집단으로 면담함으로써 응답자가 서로 영향을 주고받도록 한다. 이 면담에서는 대개 6~8명의 응답자들이 특정 질문에 대하여 토론하는 분위기에서 자신의 의견을 제시하고, 조사자는 그 과정에서 필요한 답을 발견한다. 포커스 그룹 면담의 장점은 진지하고 심도 있는 조사를 할 수 있고, 비용이 적게 들며, 많은 사람을 동시에 조사할 수 있다는 것이다. 또한 예민한 이슈에도 솔직한 응답을 구할 수 있다.

포커스 그룹 면담은 일종의 브레인스토밍으로서 토론 면담이라고 할 수 있다. 정당에서는 선거 전략을 짜거나, 정책의 효과를 조사할 때 사용한다. 그리고 언론에서는 특정한 이슈 보도를 위해 포커스 그룹의 의견을 구하여 활용한다. 포커스 그룹이란 예를 들어 음주운전, 도박, 신차구입 등 특정 주제에 관한 의견이나 경험이 있는 사람들로 구성된 집단이다.

일반면담과 다른 방법으로 전문가 면담이 있다. 이것은 연구주제에 관한 연구 경험과 지식이 있는 사람들을 대상으로 하는 조사방법이다. 이것은 분석 자료를 수집하는 목적도 있지만, 연구자의 판단에 도움을 얻을 목적으로 실시하는 경우도 있다. 전문가의 의견은 소수일지라도 다수의 문외한 의견보다 소중한 의미를 갖고 있다. 그러므로 많은 일반인의 의견을 모으는 것보다 소수 전문가의 의견을 듣는 것이 훨씬 효율적이고 빠른 결론에 도달할 수 있다. 전문가와 면담할 때에는 주로 비지시적 면담의 형태로 자유롭고 개방적으로 진행하는 것이 견해를 충분히 듣는 데에 도움이 된다.

　전문가 면담의 어려운 점은 시간이 많이 소요되는 작업이라는 것이다. 때에 따라서 먼 곳을 방문해야 하고, 면담시간도 최소 1시간은 걸리고, 녹취록 작성까지 고려하면 하루에 면담을 1~2회 정도밖에 소화하지 못한다. 전문가 면담은 몇 회를 하는 것이 바람직한가? 대체로 면담을 거듭할수록 추가로 얻게 되는 내용은 줄어들기 마련이다. 그러므로 조사자는 면담을 통해 축적한 정보가 더 이상 도움이 되지 않는 포화시기를 파악해야 하는데, 대체로 20~30회의 전문가 조사가 최대치인 것으로 알려져 있다.

　전문가 면담에서 가장 어려운 점은 바쁜 면담 대상자와 접촉해서 면담 약속을 얻어내는 일이다. 따라서 응답자를 선정할 때 눈덩이 표본추출 방식을 사용하는 것이 가장 효과적이다. 이 방식의 시작단계에서는 문헌이나 인터넷 검색을 통해 몇 명의 전문가를 응답 대상으로 선정한 후, 면담이 성사된 응답자에게서 새로운 면담 대상자를 복수로 추천받아 눈덩이처럼 늘려나가는 것이다. 이것은 모든 대상자를 일일이 선정하고 개별 접촉을 시도하는 것보다 훨씬 수월한 면담방법이다.

3 설문조사는 양적 자료를 수집할 수 있는 기법이다.

　설문조사는 조사대상자 모두에게 묻는 전수조사(센서스)의 형태도 있지만, 대부분의 경우에는 표본을 추출하여 조사한다. 따라서 설문조사에서는 대표성 있는 표본을 추출하는 것이 매우 중요하다. 비용과 시간 그리고 방대한 작업으로 인한 오류 등을 줄일 수 있다는 점에서 설문조사는 표본추출만 잘하면 전수조사 못지않게 좋은 방법이다.
　표본의 크기는 어느 정도가 적당할까? 표본이 클수록 정확도는 높아지지만, 일정한 크기에 도달하면 정확성은 표본 수가 커져도 미미하게 늘어날 뿐이다. 일반적으로 표본이 300개 이상이면 큰 문제없이 통계분석을 진행할 수 있다. 하지만 대부분의 설문조사에서는 1,000개 내외의 표본을 선정하고 있다. 그 이유는 표본조사의 결과를 연령, 성, 교육수준 등 하부집단별로 분석하려면, 하부집단의 크기가 50개 이상은 되어야 하기 때문이다.
　표본추출에는 다양한 방법이 있지만, 단순 무작위 추출이 대표성을 높일 수 있는 가장 뛰어난 방법이다. 하지만 이 방법은 모집단이 작은 경우에 사용 가능하다. 모집단이 크면 전체 응답자 대상 명단을 구하기 어려운 것이다. 국민 여론 조사에서 무작위 표본추출을 하려면 모집단인 전 국민의 명단을 구해야 하는데 이것은 현실적으로 불가능한 일이다. 이러한 경우에는 변형된 형태의 무작위 추출법이 주로 사용된다. 예를 들어 층화 무작위 표본추출법을 흔히 사용한다.
　또한 대표성은 떨어지지만, 신속한 조사에 사용되는 표본추출법으로 할당 추출법과 눈덩이 표본추출법이 있다. 할당 추출법은 주로 시장조사기관에서 소비자 동향 분석을 위해 많이 활용하고 있는데, 조사자는 연령, 성별, 직업 등과 같은 할당기준에 따라 정해진 수만큼의 면담자를 자유롭게 선정할 수 있다. 그러므로 표본의 대표성이 떨어지는 단점이 있지만, 비 응답의 문제에서 벗어날 수 있다.

눈덩이 추출법은 다른 표본 추출법을 사용하는 것이 불가능한 경우에 쓰는 방법이다. 대표적인 사례가 마약 복용자 혹은 노숙자에 대한 조사이다. 설문조사를 한 후 소개를 받아 새로운 대상자를 조사하는 것이다. 이 조사의 단점은 표본의 대표성이 아주 낮다는 것이다. 따라서 눈덩이 추출법은 설문조사보다는 면담조사에 더 적합하다.

설문조사의 방식으로는 응답자를 개별적으로 만나 설문지를 주고 설문을 읽어주고 필요한 경우에는 설문내용에 대하여 친절하게 설명도 해주는 직접면접법, 설문지를 나누어주고 수거하는 배포면접법, 수업 시간이나 조회 시간을 활용하는 집합조사법, 우편과 전화를 이용하는 조사법 등이 있다. 그런데 설문조사는 수백 명 이상을 대상으로 하는 자료수집 방법이기 때문에 큰 비용이 들지만, 최근에는 각종 다양한 인터넷조사기법이 발달하여 조사기관의 도움을 받지 않고 연구자 개인이 직접 할 수 있는 기회가 생겨나고 있다.

설문조사가 일회에 그치는 것이 아니라 동일한 내용을 주기적으로 조사하고, 수집된 자료를 시계열적으로 분석하는 것을 종단연구라고 한다. 이러한 연구를 위해 사용하는 설문조사 방식에는 두 가지 유형이 있는데, 첫째, 패널조사는 무작위로 추출한 표본 집단을 대상으로 하는 것이고, 둘째, 코호트조사는 동일한 특성을 공유하는 집단을 대상으로 한다. 예를 들어 동창생을 대상으로 이들이 공동의 학업 경험을 공유하지만 서로 다른 다양한 직업을 갖게 된 원인을 파악하기 위한 조사를 하는 것이다.

4 관찰조사는 자연 상태에서 이루어지는 실험과 같다.

관찰은 사회현상에 관한 정보를 문서나 자료를 통해 얻는 것이 아니라, 시각을 활용하여 취득하는 활동이다. 관찰과 실험은 둘 다 시각적 수단을 가지고 목격을 통해 자료를 수집한다는 점에서 유사한 조사기법이지만, 두 기법의 차이를 말하자면, 관찰은 원하는 현상이 발생할 때까지 기다리는 것이고, 실험은 그러한 현상을 원하는 시간과 장소에서 인위적으로 발생시킨다는 것이다. 그러므로 실험은 인위적인 관찰이며, 가설 검증을 위한 자료수집을 짧은 시간에 아주 많이 할 수 있도록 해준다.

실험은 주로 자연과학에서 많이 사용하지만, 사회과학에서는 사용하기 어렵다. 무엇보다도 현실적으로 불가능하거나, 윤리적으로 곤란하기 때문이다. 그러므로 사회과학에서는 실험 대신 관찰방법을 주로 사용한다.

최초의 참여관찰은 1890년 독일학자 고레(Paul Gohre)가 공장 노동자들의 근로환경을 연구하기 위해 3개월간 직접 공장에 가서 현장에서 관찰하였다. 그의 조사연구는 베버(Max Weber)에게 영향을 미쳤고 베버가 실증적 연구 방법을 정립하는 데에 크게 기여하였다. 1916년 시카고 대학의 파크(Robert Park) 교수는 "사회과학자는 도서관을 떠나서 현장을 직접 보아야 한다"라고 주창하였다.

참여관찰은 조사자와 다른 문화권에 속하는 집단 공동체를 연구하는 문화인류학에 의해 개발되어 시작하였다. 조사목적은 낯선 공동체의 관습, 의례, 제도, 가치체계에 관한 상세하고 정확한 정보를 얻는 것이었다. 따라서 참여관찰은 문화인류학의 핵심적인 현지조사방법이 되었고, 자연 상태에서 인간들이 서로 상호작용하는 구체적인 삶을 관찰하는 데에 사용된다. 이처럼 참여관찰이란 연구자가 직접 상황에 부딪쳐서 현상을 파악하고 정보를 수집하는 작업이다.

참여관찰은 특정 집단의 구성원을 이해하기 위하여 그들의 활동공간으로 침투한다. 그러므로 긴 조사 시간을 필요로 하며, 정신적으로 매우 긴장되는 작업이다. 현대 사회에서는 특정한 집단과 공동체를 연구하는 데에 필요한 조사기법이 되었다. 그리하여 일반인에게는 낯선 소수민족집단, 주변부집단, 범죄집단 등의 조사에 참여관찰이 주로 활용되고 있다. 나체촌, 노숙자, 사이비종교집단과 같은 미지의 세계에 속하는 사람들의 행태를 조사하는 데에는 참여관찰이 설문조사나 면담조사보다 더 적합한 방법이다.

참여관찰에는 공개형과 비공개형이 있는데, 공개형은 관찰자가 처음부터 자신의 신분을 공개하고 자신이 관찰자라는 사실을 알려주고 관찰한다. 비교적 긴 시간 동안 활동을 함께 함으로써 조사대상자가 관찰 받고 있다는 의식을 갖지 않게 한다. 비공개형은 관찰 의도를 숨기고 몰래 조사하는 것이다. 이러한 유형의 관찰은 공개적으로 접근하기 어려운 미지의 공동체를 연구할 때에 사용한다.

예를 들어 마피아, 폭주족, 전문도박꾼 등과 같은 집단을 조사할 때 관찰 의도를 알리면 연구를 진행할 수 없기 때문에 비공개 관찰을 하는 수밖에 없다. 그런데 이들 집단과 장기간 함께 하게 되면 그 집단속에서 지위와 역할을 갖게 되므로 윤리적인 문제가 발생하고, 또한 수시로 관찰보고서를 기록할 수 없으므로 관찰자의 기억에 의존하여 추후 자료를 작성해야 하는 문제점이 있다.

관찰의 또 다른 유형으로는 참여형과 비참여형이 있는데, 참여형은 조사대상 집단의 일원으로서 역할을 맡아 활동하면서 관찰하는 것이다. 참여형의 단점은 조사대상 집단의 영향을 받을 수 있다는 것이다. 노조에 대한 참여관찰에서 노조원으로 활동하면서 관찰을 하게 되면, 노조활동에 관한 이해와 공감이 너무 커져서 연구자의 중립적 시각을 해칠 수 있다. 비참여형은 집단의 활동에 전혀 참여하지 않고 관찰만 하는 방법이다.

마지막으로 직접형과 간접형이 있는데, 직접형은 현상의 전 과정을 관찰하는 것이고, 간접형은 최종 결과물을 보고 추정하는 것이다. 가장 대표적인 사례가 풀밭의 마모된 부분을 통해 보행자들이 선호하는 동선을 파악하여 길을 만드는 데에 활용하는 것이다. 또 다른 사례를 들자면, 인터넷 조회수를 관찰하여 사용자들의 주요 관심 사안을 조사하는 것이다. 간접형 참여관찰은 직접형보다 비용과 윤리 측면에서 장점이 더 많다.

참여관찰의 절차를 보면 첫째, 연구대상에 접근하는 것이 필요하다. 이를 위해서는 내부에서 도와줄 도우미가 필요하고, 그에게 연락을 취해서 연구주제를 알려주고, 도움을 요청해야 한다. 이때 추천인이 있으면 내부 도우미가 협조해 줄 가능성이 커진다. 내부 정보제공자는 상황에 관한 현장경험이 풍부한 사람이다. 그에게 연구의 취지를 충분히 설명해주어 한다. 그는 접근이 어려운 구성원과 접촉할 수 있도록 도와주고, 내부 정보를 제공해줄 뿐만 아니라, 내부 사정을 설명해주는 등 다방면으로 도움을 주는 중요한 사람이다. 하지만 그의 정보에는 주관적 해석이 포함되어 있음을 유의해야 한다.

둘째, 관찰보고서를 작성해야 한다. 관찰보고서에는 여러 종류가 있는데, 개요보고서는 전반적인 윤곽을 기술하는데, 지리적 위치, 구조, 약도 등을 기록한다. 대화보고서는 조사대상자의 주요 발언을 키워드 중심으로 기록하는 것이다. 종합보고서는 귀가한 후 충분한 시간을 가지고 당일 참여 관찰한 내용에 관한 연구자의 판단, 해석, 추론, 인상 등을 모두 기록하는 것이다. 관찰 중 떠오른 조사자의 판단과 해석은 추후 자료분석 과정에서 중요하게 활용할 수 있다.

관찰보고서에는 가능하면 관찰하는 모든 것을 기록하는 것이 좋다. 무엇이 중요하고 중요하지 않은지 미리 예단하지 말아야 한다. 관찰 중에는 수집하는 정보의 중요성을 알기 어려우며, 수집자료의 검토 및 분석과정에서 판단이 될 것이다. 기록은 단계적으로 당일에 모두 끝내야 하는데, 현장에서는 대강의 윤곽을 기록하고, 관찰이 끝나고 숙소로 돌아온 후 완결된 형태로 정리한다. 만일 관찰기록이 많아지면 목록을 만들어 쉽게 찾을 수 있도록 할 필요가 있다.

셋째, 현장을 조심스럽게 떠나는 것이다. 이것은 매우 중요하지만 조사자들이 소홀히 생각하는 경우가 많다. 내부 도우미와는 좋은 관계를 유지하고 작별해야 한다. 자료 분석 과정에서 그의 도움이 다시 필요할 수 있다. 그리고 논문 작성 시에 내부 도우미의 신원이 불필요하게 드러나지 않도록 윤리적 교정에 신경을 써야 한다.

지역학은 현지조사를 중시하는 학문이라는 점에서 참여관찰이 중요한 의미를 가진다. 지역연구에서 참여관찰은 주로 이국적인 세계를 조사하기 때문에 매우 흥미롭고 재미있는 조사방법이다. 하지만 현지어와 현지 사정에 정통해야 하기에 그만큼 어려운 작업이다.

지역학에서 참여관찰이 중요한 또 다른 이유는, 지역연구는 해석학적 연구에 관심이 많아서, 전형적인 연구관심이 "X 사회는 어떤 사회인가?" "X 사회 사람들의 사회적 행위 양태는 어떠한가?"이다. 이러한 질문에 대한 답을 구하기 위해서는 현지 사회에서 통용되고 있는 암묵적 지식(tacit knowledge)과 문화적 불문율 등을 발견하는 것이 필요하다.

폴라니는 지식에는 명시적 지식과 암묵적 지식이라는 두 가지 종류가 있다고 말한다. 명시적 지식은 언어나 상징으로 전달할 수 있는 지식이며, 암묵적 지식은 그러한 기호로 전달할 수 없는 지식이다. 명시적 지식은 설명에 도움을 주고, 암묵적 지식은 이해에 도움을 준다. 그러므로 암묵적 지식을 공유하고 있으면 굳이 특정 현상에 관한 설명을 해주지 않아도 이해할 수 있게 된다. 그런데 명시적 지식은 책과 강의를 통해서 전달할 수 있지만, 암묵적 지식은 현지에 가서 일정 기간 살아보아야 터득할 수 있는 것이다. 지역연구자는 현지관찰을 통해 암묵적 지식을 많이 구해야 한다.

참여관찰의 사례를 소개하자면 서울 대림동 거리에서 중국문화를 찾는 조사가 있다. 조사자는 다문화 현지조사의 일환으로서 "작은 중국"이라고 불리는 대림동을 관찰대상으로 삼고 이곳 거리의 모습에서 중국문화의 특징을 찾는 작업을 실시하였다. 이 조사는 비공개, 비참여, 직접조사의 형태로 이루어졌으며, 관찰기준은 대림동의 상업시설에 초점을 두고, 이 지역에서 성업하는 업종과 찾기 어려운 업종이 무엇인지 확인하는 것이다. 관찰결과 대림동은 다른 일반적인 서울의 상업지구와는 확연히 다른 업종으로 구성하였다는 사실을 발견하였다.

| 토론꺼리 |

① 일반간행물과 연속간행물의 차이는 무엇인가?
② 3차 자료란 무엇인가?
③ 인터넷 시대의 자료수집 방법은 무엇인가?
④ 자료수집의 다각화를 설명하세요.
⑤ 지시적 면담과 비지시적 면담의 차이를 설명하세요.
⑥ 면담을 위해 해야 하는 사전준비 작업은 무엇인가?
⑦ 포커스 그룹 면담의 장점을 말하세요.
⑧ 전문가 그룹 면담의 장점을 말하세요.
⑨ 눈덩이 표본추출 방식을 설명하세요.
⑩ 무작위 표본추출 방식을 설명하세요.
⑪ 종단연구를 위해 필요한 설문조사 방법은 무엇인가?
⑫ 관찰의 공개형과 비공개형을 설명하세요.
⑬ 관찰의 참여형과 비참여형을 설명하세요.
⑭ 관찰의 간접형과 직접형을 설명하세요.
⑮ 지역학에서 참여관찰이 중요한 이유를 말하세요.
⑯ 명시적 지식과 암묵적 지식의 차이는 무엇인가?

제12절
연구계획서와 논문 작성법

1 연구 진행 절차

모든 연구의 출발점은 주제(topic)의 선정에서 시작한다. 연구주제는 논문 제목과 다르다. 연구주제의 예를 들면 경제개혁, 제노포비아, 시민사회, 소수민족, 영토분쟁 등이다. 연구자의 연구 관심을 핵심 키워드로 표출한 것이 연구주제이다.

연구주제를 선택하게 되는 배경은 다양하다. 무엇보다도 연구자의 체험에서 우러날 수 있다. 시민단체에서 봉사한 경험이 시민 사회에 관한 관심을 불러일으키고, 관련 주제에 관한 연구를 할 수 있다. 언론이 대대적으로 보도하는 이슈가 연구주제를 선택하는 계기가 될 수 있다. 신문과 방송에서 외국인 이주민의 대량유입에 관해 보도하는 기사를 연일 보면서 연구 관심을 갖고 "이주민 유입," "난민," "이슬람 테러," "외국인 혐오," 등과 같은 연구주제를 선택할 수 있다.

전문가들은 사회적 요구에 의해 연구주제를 선택하는 경우가 많다. 경제 위기가 도래했을 때, 정부나 기업이 전문가에게 위기 극복을 위한 경제개혁 방안에 관한 연구를 요구할 수 있다. 전문가들이 언제든지 외부 요청을 받아 필요한 맞춤형 연구를 해줄 수 있는 역량을 갖추려면 평소에 관련 이론에 관한 연구를 많이 해두어야 한다.

이를 위해 기존 연구를 수시로 검토하여 학계에서 논쟁이 되는 이슈를 연구주제로 선택해야 한다. 예를 들어 경제 위기 관리능력이라는 관점에서 시장과 국가 중에서 어느 것이 더 효과적인지를 둘러싼 대립 논쟁을 보면서, "경제의 시장적 관리," "경제의 국가개입" 등과 같은 연구를 한다. 이처럼 전문가들은 평소에 이론연구를 통해 학문적 논쟁에 적극적으로 참여하여 자신의 전문성을 향상하고 있다.

연구주제를 선택할 때 개인의 가치관으로부터 완전히 자유로울 수 없다. 많은 이들이 보수 혹은 진보적 이념을 가지고 있다. 그런데 자연과학자는 주로 몰가치적인 자연현상을 주제로 선택하지만, 사회과학자는 사회현상을 주제로 선택하면서 가치중립적인 입장을 견지하기 어렵다. 하지만 연구자는 미리 결론을 내린 상태에서 단정적으로 연구를 진행하거나 혹은 자신의 결론에 유리한 자료만을 골라서 제시하면 안 된다. 객관적인 자료와 자신의 주관적 판단이 충돌하면 경험적 자료를 따르는 것이 과학자의 올바른 자세이다.

평소에 관심 있는 연구주제가 생각날 때 마다 본인만의 학술 노트에 기록해두는 것이 좋다. 이때 연구주제와 함께 주제선정의 배경도 함께 적어두어야 한다. 관심 있는 주제가 떠오를 때마다 미리 작성해두면 나중에 주제선정에 도움이 된다. 시간이 지나면서 관심주제가 더욱 발전하고 정교해질 수 있고 혹은 시사성이 없어지거나 연구 가치가 사라지기도 한다. 그러므로 평소에 많은 연구주제 후보군을 가지고 있어야 좋은 주제선정을 할 수 있다.

둘째, 주제가 선정되면 다음 절차는 연구 질문(research question)를 설정하는 것이다. 연구 질문은 퍼즐이라고도 부른다. 모든 연구는 이론적, 지적 호기심의 해결을 목표로 하고, 이러한 호기심은 질문의 형태로 구체화된다. 다소 막연한 호기심을 구체적인 질문으로 구성하는 것이다. 연구자가 연구 질문에 대한 답을 구하게 되면 이것이 논문의 결론이 된다. 모든 연구는 문제 제시에서 시작하여 답변 제시로 종료되기 때문에 연구 질문의 제시는 연구의 출발을 알리는 동시에 결론 도출로 이끄는 길잡이 역할을 한다.

과학적 연구에서 연구 질문은 인과관계를 규명할 목적으로 만들어진다. 예를 들어 "민주화의 원인은 무엇인가?"가 하나의 퍼즐이 될 수 있다. 그런데 이 퍼즐은 그리 좋은 연구 질문이라고 할 수 없다. 왜냐하면 이 질문에는 많은 답변이 가능하기 때문이다. 인과관계를 목적으로 하는 연구 질문인데, 민주화라는 종속변수만을 제시하고 있다. 독립변수를 명시하지 않으면, 어떤 원인을 염두에 두는지 알 수가 없다. 이렇게 열려 있는 질문은 구체적인 연구 방향을 제시해주지 못하기 때문에, 연구가 길을 잃을 수 있다.

예를 들어, 연구자가 처음에는 민주화의 원인으로 생활수준의 증대에 초점을 맞추고 분석을 진행하다가, 대중매체의 확산으로 초점이 이동되고 나중에는 교육수준의 증대로 바뀔 수 있다. 그리하여 자신이 찾아낸 다양한 원인들을 모두 논문에 담아 제시하는 것으로 연구를 종결 지을 수 있다. 이러한 연구는 민주화의 원인을 새롭게 발견했다기보다는 답변이 되는 원인들을 나열한 것에 가깝다. 그러므로 좋은 질문이란 독립변수와 종속변수를 모두 담고 있어서 어떠한 인과관계를 규명하려고 하는지 명확한 퍼즐이어야 한다.

"중산층의 형성이 민주화에 영향을 미치는가?"는 독립변수와 종속변수를 명확하게 규정하고 있다. 따라서 중산층이 늘어나 민주주의가 성장한 사례가 있는지를 살펴보고, 결론을 내리면 된다. 이렇게 하면 연구자는 민주화의 원인을 찾기 위해 이리저리 방황하지 않고, 중산층과 민주화의 인과관계를 규명하는 데에 초점을 맞추어 분석을 진행하게 된다.

또한 좋은 질문은 원칙적으로 하나의 이슈를 다루어야 한다. 그래야만 연구에 초점과 일관성이 생기게 된다. 이에 더해 흥미로운 내용이어야 한다. 질문이 진부하면 상식적인 답변이 나올 수밖에 없다. 그러므로 좋은 질문을 만들기 위해서는 모두의 관심이 있는 내용을 연구주제로 다루어야 하며, 대체로 논쟁적인 이슈가 많은 이의 관심을 끈다. 그리고 연구의 독창성도 빛나게 된다.

연구 질문을 구성하는 절차는 아래와 같다. 연구주제가 정해진 상태에서 분석의 범주와 수준을 정해야 한다. 예를 들어 정치 민주화가 연구주제라면, 경제, 사회, 문화 중 어느 영역에서 그 원인을 찾을지 범주를 정해야 할 것이다. 그리고 엘리트와 대중 중에서 관심 있는 연구 수준을 선택할 필요가 있다.

사실 모든 연구 질문이 실현 가능한 것은 아니다. 자료의 결핍, 이론의 부재, 연구 기간의 제약 등에 의해 아무리 좋아도 다룰 수 없는 질문들이 있기 때문에, 가능한 여러 대안들을 검토한 후 최종 선택을 해야 한다. 마지막으로 관심 있고 실현 가능한 연구 질문이 결정되면, 질문을 구체화한다. 이 경우 질문의 수가 한 개가 될 수도 있고, 하나의 큰 질문에 여러 개의 세부 질문을 담아서 구조화된 연구 질문을 만들어낼 수도 있다.

셋째, 연구 질문이 만들어지면 논문 제목을 만들 수 있다. 왜냐하면, 제목에는 독립변수와 종속변수가 들어가기 때문이다. 예를 들어 "중산층의 형성이 민주화에 미치는 영향"이 제목이 된다. 여기에 더해 연구대상이 되는 사례와 연구자가 활용하려는 이론 등을 제목을 만드는 데에 사용할 수 있다. 예를 들어 "일본 사회에서 중산층의 형성이 민주화에 미치는 영향: 사회적 자본론의 관점에서"라고 만들 수 있다. 제목은 언제든지 변경 가능하기 때문에, 논문이 최종적으로 마무리되기 전까지는 늘 잠정적이라고 생각해야 한다.

넷째, 참고문헌의 작성이다. 이것은 연구를 시작하기 전에 향후 참고하게 될 자료들을 미리 정리한 리스트이다. 연구자가 활용할 데이터베이스 역할을 하는 참고문헌에는 크게 두 가지 자료가 포함되어야 하는데, 이론과 경험적 자료이다. 논문을 최종 작성한 후에는 인용된 자료만 남기고 나머지 자료는 삭제해야 한다.

기존 이론에 관한 자료는 주로 문헌조사를 통해 구하고, 경험적 자료도 기본적으로는 문헌조사를 통해 수집하지만, 이미 발간된 자료에 추가하여 분석에 필요한 자료를 면담, 설문, 참여관찰 등과 같은 기법을 사용하여 새로이 생산 수집하는 것이 좋다. 지역연구의 경우에는 현지조사를 통해 이러한 자료를 수집해야 한다. 현지조사는 긴 시간과 큰 비용이 든다는 사실을 고려하여 연구 진행 일정에 포함해야 한다.

오늘날 문헌조사는 주로 인터넷을 통해 조회하는 경우가 많은데, 조사자가 겪게 되는 어려움은 조회 결과가 너무 많거나 너무 적게 나오는 경우이다. 만일 조회 결과가 지나치게 많은 경우에는 조사 자료의 범주와 수준을 좁힐 필요가 있으며, 조회 결과가 얼마 되지 않을 경우에는 눈덩이 조사방식을 활용하면 도움이 된다. 수집한 논문이나 연구보고서의 참고문헌에서 관심 있는 자료를 찾은 다음, 그 자료의 참고문헌을 또다시 살펴보는 작업을 여러 차례 반복하면, 수집하고자 하는 자료가 점차 불어나게 될 것이다.

다섯째, 예상목차의 작성이다. 예상목차는 연구전략과 연구의 논리적 구조를 드러내는 부분이다. 따라서 연구자는 자신이 추구하는 연구의 전략적 구조를 고려하여 예상목차를 작성해야 한다. 일반적으로 예상목차는 서론과 결론이 처음과 마지막을 장식하고, 중간 부분이 본문에 해당하는데, 본문은 크게 이론적 부분과 경험적 부분으로 이루어진다. 그리고 경험적 내용은 종속변수와 독립변수를 설명하는 부분으로 나누어 구성하면 된다.

여섯째, 초고를 작성하고 최종본으로 마무리하는 일이다. 초고란 이름 그대로 편하게 쓰는 글이다. 논문을 처음부터 완벽하게 쓸 필요는 없다. 왜냐하면 글을 고치고 다듬는 과정에서 문장이 바뀌기도 하고 사라지기도 하기 때문이다. 따라서 초고는 연구 의도에 맞추어 전체적으로 논리를 전개하는 차원에서 작성하는 것이며, 초고를 검토하고 수정·보완하여 최종본을 완성하는 것이다.

글을 쓰는 것은 말로 표현하는 것보다 몇 배 어려운 일이다. 말을 할 때는 음정, 표정, 몸짓 등을 함께 사용하여 의사를 전달하지만, 글은 문장으로 모든 것을 표현해야 한다. 그러므로 내가 쓰는 글이 나의 의사를 제대로 잘 전달하고 있는지 읽는 이의 입장에서 확인할 필요가 있다.

2 연구계획서는 논문의 설계도와 같다.

설계도 없이 집을 짓는 것을 상상하기 어렵다. 설계도가 있어야 어떠한 건축 재료들이 필요한지, 건축자재를 어떻게 서로 결합할 것인지 등에 관해 알 수 있는 것이다. 연구계획서는 논문 작성을 위한 가이드 혹은 로드맵 역할을 함으로, 연구 하는 동안 계속 필요한 중요한 문서이다. 그러므로 연구계획서에는 연구를 진행하면서 수시로 참조할 수 있는 주요 내용들이 담겨야 하는데, 일반적으로 연구 배경, 연구 목적, 선행연구의 검토, 연구 방법, 연구내용, 참고문헌으로 구성된다.

연구 배경이란 연구의 필요성을 말하며, 연구를 하게 된 이유 그리고 연구가 필요한 이유 등을 밝히는 것이다. 연구 배경은 주로 주제 선정의 이유를 말한다. 따라서 언론 보도, 사회적 요구, 이론적 논쟁 등에서 연구의 배경을 찾을 수 있다. 특히 학술논문에서는 기존연구의 검토에서 도출된 이론적 논쟁이 중요한 연구 배경이 되고 있다. 왜냐하면 학술연구는 이론의 발전에 기여하는 것을 주목적으로 하기 때문이다.

연구 목적은 연구자가 무엇을 발견하려고 하는지를 밝히는 것이다. 그러므로 연구 목적은 연구 질문과 긴밀하게 연결되어 있다. 연구 질문이란 아직 충분한 연구가 되지 않아 설득력 있는 답변이 없는 현상에 대한 학문적 호기심의 표출이다. 연구자가 제시한 질문에 대한 답을 구하는 것이 연구 목적인 것이다. 종종 연구의 필요성과 연구 목적을 혼동하는 경우가 있는데, 연구의 필요성이란 연구의 중요성과 가치를 부각하는 것이고, 연구 목적은 연구자의 연구관심과 의도를 드러내는 것이다.

연구 배경이 왜 연구하는지에 관한 내용이고, 연구 목적이 무엇을 연구하는지 밝히는 것이라면, 연구 방법은 어떻게 연구할 것인지를 소개하는 것인데, 필요한 자료를 어떻게 수집하고 수집한 자료를 분석할 것인지에 관한 내용이다.

자료를 수집하는 방법은 엄밀한 의미에서 조사기법에 해당하는데, 지역연구에서는 주로 문헌조사, 설문조사, 면담조사, 관찰조사 등을 활용한다. 문헌조사를 통해 자료를 수집하는 경우에는 자료의 유형, 출처, 접근방법 등을 밝히는 것이 좋다. 만일 면담, 설문, 관찰 등의 조사기법을 계획한다면 시기와 절차에 따른 구체적인 조사계획을 기술할 필요가 있다.

수집한 자료를 분석하는 방법으로는 사례분석, 비교분석, 부울 연산법, 통계분석 등이 있지만, 지역연구에서는 대체로 질적 방법을 활용한다. 그러므로 사례분석과 비교분석을 많이 사용한다. 하지만 지역연구의 방법론적 확대를 위해 앞으로 부울 연산법과 통계분석을 적극적으로 활용할 필요가 있다.

선행연구의 검토는 연구에 필요한 이론적 논의를 위해 필요하다. 학술연구의 궁극적인 목적이 이론의 개발과 발전에 있고, 독창적인 연구를 하기 위해서는 기존에 어떠한 연구 성과가 있는지를 알아볼 필요가 있다. 그래야 기존 연구와 차별성이 있는 연구를 계획할 수 있는 것이다. 그러므로 선행연구를 하는 이유는 학계에서 이미 널리 알려진 연구 결과들을 살펴보기 위한 것이다.

선행연구를 검토하면, 연구에 필요한 분석 틀을 수립하는 데에 도움을 얻을 수가 있다. 분석 틀을 만들 때는 변수의 수를 몇 개 채택할 것인지를 정해야 한다. 그리하여 단일변수 혹은 다변수 이론을 개발한 것인지를 결정하고 적합한 모델을 만들면 되는 것이다. 만일 인과관계를 검증하는 다변수 이론을 적용할 경우에는 해석학적 연구를 할 것인지 아니면 사회과학적 연구를 할 것이지 정해야 한다. 이에 따라 선택하게 되는 변수의 성격이 달라지기 때문이다.

연구내용은 연구자가 다루게 될 연구범위를 밝히는 것이다. 그리하여 연구대상을 시간 및 공간적으로 규정하게 된다. 러시아 경제개혁을 연구하는 경우 옐친시기를 연구대상으로 할 것인지 아니면 푸틴시기로 할 것인지 정해야 한다. 공간적으로는 모스크바 지역을 분석대상으로 삼을 수도 있고 혹은 시베리아 극동지역을 선택할 수도 있다. 연구내용에 예상목차를 삽입하여 설명하면, 내용전달에 훨씬 도움이 된다.

3 논문은 연구 결과보고서이다.

논문은 구성상 서론, 본론, 결론으로 이루어진다. 먼저 서론의 작성은 논문 소개를 목적으로 하며, 연구계획서가 있으면 이미 써놓은 것이나 다름없다. 서론에 들어가는 내용은 주로 연구 배경, 연구 목적, 연구 질문, 연구 방법 등이다. 여기에 추가하여 서론의 마지막 부분에 각 장별로 어떤 내용을 담을 것인지를 소개한다. 이것을 글의 구성이라고 부르는데 주로 서론을 마무리하는 데에 사용한다.

서론에서 연구 질문을 서술할 때, 양적 방법에서는 반드시 가설을 제시하지만, 질적 방법에서는 가설은 아니지만, 잠정적인 결론을 암시하는 것이 독자들에게 글의 논리를 사전 이해할 수 있도록 도움을 줄 수 있다.

본론은 이론과 경험적 내용으로 구분하여 작성해야 한다. 이론 부분을 작성하는 것은 기존 연구를 소개하고 이와 연계된 연구 분석 틀이나 모델을 제시하여, 경험적 자료로 입증할 준비를 하는 것이다.

경험적 부분은 이론의 유형에 따라 구성이 달라지는데, 만일 서술적 연구라면, 종속변수만 설명하면 되지만, 설명을 목적으로 하는 분석적 연구인 경우에는 종속변수와 독립변수에 관해 각각 내용을 작성하면 된다. 이 경우 최대한 객관적 자료를 토대로 설명을 해야 하며, 이론적 내용을 반복하는 것은 피해야 할 것이다.

논문작성 시 최대한 심플하고 명료한 문장을 사용해야 하며, 화려한 수사는 금물이다. 문장의 난이도는 대학교 학부생이 이해할 수 있는 수준으로 쓰는 것이 좋다. 누구든 논문의 내용에 대한 지도나 조언을 받아야 한다. 전문가도 논문을 출판하려면 동료의 평가를 거쳐야 한다. 그러므로 논문은 저서와 달리 학문 공동체의 엄격한 심사과정을 거치고 있다. 전문가는 다른 전문가의 의견에 경청하고 필요하면 자신의 논문을 성실하게 수정·보완하는 자세를 가져야 한다.

논문 작성 시 사전에 인용하는 법과 참고문헌 작성요령을 숙지할 필요가 있다. 학위논문이나 저널에 출판하는 경우에 편집지침이 있기 때문에, 이에 따르면 된다. 그렇지만 평소에 범용적 논문 작성법에 익숙하게 훈련해두면 어떠한 편집지침을 따르게 되더라도 신속하게 논문작성을 할 수 있는 역량을 갖추게 되는 것이다.

논문에 표와 그림을 삽입하고 그에 대한 설명을 부실하게 하는 경우가 많다. 흔히 독자들은 글을 읽으면서 시각 자료를 자세히 보지 않는다. 그러므로 표와 그림이 연구내용을 전달하는 데에 중요한 것이라면 최대한 성실하게 설명해주어야 한다.

결론에서는 먼저 연구요약을 작성한다. 사실상 연구자가 주장하고자 하는 내용은 서론과 본론에서 이미 모두 밝혔다. 서론에서 문제를 제기하였고, 본론에서 이론적으로 답변하고 많은 입증자료를 제시하며 근거를 제공하였다. 따라서 연구요약이란 서론에서 본론까지 서술한 논리적 전개를 간단하게 요약 정리하는 일이다.

연구요약을 한 후에는 가능한 이론적 함의를 제시해야 한다. 기존 연구와 어떠한 연계성이 있는지를 설명하는 일이다. 즉 새로운 연구를 통해 기존의 이론을 지지, 반박, 수정, 절충하는지 등을 밝힘으로써 이론의 발전에 어떠한 기여를 했는지 알리는 것이다.

| 토론꺼리 |

① 연구주제란 무엇인가?
② 연구주제의 선택 배경에는 어떤 것이 있나?
③ 좋은 연구 질문은 어떻게 만드나요?
④ 논문 제목은 어떻게 구성하나?
⑤ 논문의 본론은 어떻게 구성되는가?
⑥ 연구계획서 작성 시 들어가야 할 내용은 무엇인가?
⑦ 연구 배경과 연구 목적의 차이를 설명하세요.
⑧ 선행연구의 검토를 하는 이유는 무엇인가?
⑨ 분석 틀에 관하여 설명하세요.
⑩ 논문의 서론에 들어갈 내용은 무엇인가?
⑪ 논문의 본론은 어떻게 구성되는가?
⑫ 논문 작성 시 표와 그래프를 넣을 경우 유의해야 할 사항은 무엇인가?
⑬ 논문의 결론은 어떻게 작성하는가?

| 참고문헌 |

강창현, "한국과 대만의 건강보험제도 비교연구," 『사회과학연구』, 제27권 1호, 2011.

고상두·기주옥, "극우정당 출현의 제약요인 분석," 『한국정치학회보』, 제47권 1호, 2013.

고재남, 《러시아 외교정책의 이해: 대립과 통합, 푸틴의 길》, 서울: 역사공간, 2019.

곽재성, "라틴아메리카 지역연구의 동향과 발전과제," 『국제지역연구』, 제6권 2호, 2002.

김경일(편저), 《지역연구의 역사와 이론》, 서울: 문화과학사, 1999.

김명섭, "제국정치학과 국제정치학," 『세계정치연구』, 제1권 1호, 2001.

김승현, "비영리부문에 관한 이론적 설명과 역사적 경험: 불리안 비교분석," 『한국정치학회보』, 제38권 3호, 2004.

김영명, "한국에서의 지역연구: 현황과 과제," 『한국정치학회보』, 제21권 2호, 1987.

김영완·김경민, "최빈국의 경제 저발전 원인 분석: 말라위, 모잠비크, 마다가스카르의 거버넌스를 중심으로," 『국제지역연구』, 제26권 4호, 2017.

김영택 외, 《전산학개론》, 서울: 보문사, 1991.

김예겸 외, 《동남아의 초국가적 이슈와 지역 거버넌스》, 서울: 명인문화사, 2010.

김웅진, 《정치학 방법론 서설: 경험과학연구의 논리와 규준》, 서울: 명지사, 1992.

김웅진·김지희, 《비교사회연구방법론 : 비교정치 비교행정 지역연구의 전략》, 서울: 한울아카데미, 2000.
김응렬, 《사회조사방법론의 이해》, 서울: 고려대학교 출판부, 2001.
김태수, 《논문작성법》, 서울: 연세대학교 출판부, 2010.
김학준, "한국의 러시아 연구 : 회고와 평가,"『중소연구』, 제27권 4호, 2004.
김흥규, 《사회과학통계분석 SPSS for Windows》, 서울: 나남출판, 1997.
박단, "시리아 난민, 파리 테러 그리고 프랑스: 파리 테러의 내적 배경을 중심으로,"『통합유럽연구』, 제7권 1호, 2016.
서울대학교 국제문제연구소(편저), 《러시아와 세계정치》, 서울: 사회평론아카데미, 2019.
송병준, 《유럽연합 거버넌스 II》, 서울: 높이깊이, 2016.
신윤환·이성형, "한국 지역연구의 현황과 과제,"『국가전략』, 제2권 1호, 1996.
심주형 외, 《열린 동남아: 초국가적 관계와 새로운 정체성의 모색》, 서울: 서강대학교 출판부, 2017.
오명석, "말레이시아에서의 돼지고기 소비와 종족관계,"『동남아시아연구』, 제14권 2호, 2004.
윤영근, "정부개혁의 내용과 제도적 조건에 관한 연구: 부울 연산법의 적용,"『한국행정학보』, 제46권 1호, 2012.
이상섭·권태환(편), 《한국의 지역연구: 현황과 과제》, 서울: 서울대학교 출판부, 1998.
이재기, 《미주지역연구》, 서울: 시그마프레스, 2003.
이중희, "지역연구의 대상과 방법,"『국제지역연구』, 제5권 3호, 2001.
이중희, "한국의 지역연구: 가능성과 한계,"『국제지역연구』, 제4권 1호, 2000.

이창희, "베트남과 한국의 안보의식 비교 연구: 정치, 군사, 사회적 포괄의식의 비교연구," 국내석사학위논문, 경기대학교 정치전문대학원, 2015.

장붕익, 《유럽연합: 연속성과 정체성》, 서울: 한국외국어대학교 출판부, 2013.

전경수, 《지역연구, 어떻게 하나》, 서울: 서울대학교 출판부, 1999.

정재호(편), 《중국연구방법론: 연구설계·자료수집·현지조사》, 서울: 서울대학교 출판문화원, 2010.

정재호, 《중국의 중앙 지방 관계론: 분권화 개혁의 정치경제》, 서울: 나남출판, 1999.

하병주, "미국의 지역연구 형성과정과 배경," 『한국중동학회논총』, 제21권 1호, 2000.

한국외대 대학원 지역학연구회(편), 『지역학의 현황과 과제』, 서울: 한국외국어대학교 출판부, 1996.

허영식·정창화, "다문화사회에서 이주·사회통합정책 교차국가사례 비교분석 - 독일, 프랑스, 미국, 캐나다를 중심으로," 『EU연구』, 31호, 2012.

황원규, "경제학의 변용과 해외지역연구의 방향," 『국제지역연구』, 제5권 1호, 2001.

Ahmad, Aijaz, *In theory: Classes, Nations, Literatures,* London; Verso, 1994.

Almond, Gabriel A, "Comparative political systems," *The Journal of politics*, Vol. 18, No. 3, 1956.

Anderson, Benedict, 《상상된 공동체: 민족주의의 기원과 보급에 대한 고찰》, 서지원 역, 서울: 길, 2018.

Atkinson, William C, "British and American Universities, Languages, and Area Studies," *South Atlantic Bulletin,* Vol. 21, No. 2,

1955.

Babbie, Earl R, *The Practice of social research,* California: Wadsworth Publishing Company, 1986.

Benedict, Ruth, 《국화와 칼》, 김윤식·오인석 역, 서울: 을유문화사, 1974.

Bennett, Wendell C, *Area studies in American universities,* New York: Social Science Research Council, 1951.

Berend, Ivan T, *The history of European integration: a new perspective,* London: Routledge, 2016.

Blalock, Hubert M, *Causal Inferences in Nonexperimental Research,* North Carolina: UNC Press Books, 2018.

Burnham, Peter, et al, *Research methods in politics,* Basingstoke : Palgrave Macmillan, 2008.

Campbell, Donald T. & Julian C. Stanley, *Experimental and quasi-experimental designs for research,* Boston : Houghton Mifflin, 1963.

Cumings, Bruce G, "Boundary Displacement: Area Studies and International Studies during and after the Cold War," *Bulletin of Concerned Asian Scholars,* Vol. 29, No. 1, 1997.

Denzin, Norman K. & Yvonna S. Lincoln(Eds.), *Collecting and Interpreting Qualitative Materials,* California: Sage Publications, 1998.

Doran, Charles F. & Chris Dixon, *South East Asia in the world-economy: A Regional Geography,* Cambridge: Cambridge University Press, 1991.

Eckstein, Harry, *Political Science and Area Studies, Rivals Or Partners?,* Bloomington : Indiana University Press, 1975.

Elster, Jon, *Nuts and bolts for the social sciences,* Cambridge: Cambridge University Press, 1989.

Fenton, William N, *Area Studies in American Universities,* Washington: American Council on Education, 1947.

Gerring, John, *Social science methodology: A criterial framework,* Cambridge: Cambridge University Press, 2010.

Gibb, Hamilton A. R, *Area studies Reconsidered,* London: School of Oriental and African Studies, 1963.

Gomm, Roger, *Case study method,* England: Sage Publications, 2000.

Gourevitch, Peter A, "The Pacific Rim: Current Debates," *The Annals of the American Academy of Political and Social Science,* Vol. 505, No. 1, 1989.

Hix, Simon, *The political system of the European Union,* New York: Palgrave Macmillan, 2005.

Holsti, O, *Content analysis for the social sciences and humanities,* Massachusetts: Addison-Wesley Publishing Company, 1969.

Hough, Jerry F, *The Soviet Union and social science theory,* Massachusetts: Harvard University Press, 2013.

Koppel, Bruce M, *Refugees or settlers? Area studies, Development studies, and the Future of Asian Studies,* Honolulu: East-West Center, 1995.

Kurzman, Charles & Carl W. Ernst, "Islamic studies in US universities," *Review of Middle East Studies,* Vol. 46, No. 1, 2012.

Laudan, Larry, *Progress and its problems: Towards a Theory of Scientific Growth,* California: University of California Press, 1978.

Lijphart, Arend, "Comparative Politics and the Comparative Method," *The American Political Science Review*, Vol. 65, No. 3, 1971.

Marcus, George E. & Michael J. Fischer, *Anthropology as cultural critique: An experimental moment in the human sciences*, Chicago: University of Chicago Press, 2014.

Mason, Jennifer, 《질적 연구방법론》, 김두섭 역, 경기도: 나남, 2010.

McCaughey, Robert A, *International Studies and Academic Enterprise: A Chapter in the Enclosure of American Learning*, New York: Colombia University Press, 1984.

McCaughey, Robert A, "International Studies and General Education: The Alliance Yet to Be," *Liberal Education*, Vol. 70, No. 4, 1984.

Merritt, Richard & Stein Rokkan(Eds.), *Comparing Nations: The Use of Quantitative Data in Cross-National Research*, New Haven: Yale University Press, 1966.

Meyer, Alfred G, "Politics and methodology in Soviet studies," *Studies in Comparative Communism*, Vol. 24, No. 2, 1991.

Naroll, R, "Two Solutions to Galton's Problem," *Philosophy of Science*, Vol. 28, No. 1, 1961.

National Council of Area Studies Associations, *Prospects for faculty in area studies: a report from the National Council of Area Studies Associations*, California: National Council of Area Studies Associations, 1991.

Neuman, Lawrence W, *Social research methods*, Boston: Allyn and Bacon, 2003.

Oliver, Roland, *The African experience*, London: Weidenfeld & Nicolson, 1991.

Patience, Allan & Michael Jacques, "Rethinking Australian studies in Japanese universities: Towards a new area studies for a globalising world," *Journal of Australian Studies,* Vol. 27, No. 77, 2003.

Patton, Michael Quinn, *Qualitative Evaluation and Research Methods*, California: Sage Publications, 1990.

Popper, K, *The Logic of Scientific Discovery*, New York: Science Editions, 1961.

Pye, Lucian W.(ed.), *Political Science and Area Studies: Rivals or Partners?*, Bloomington : Indiana University Press, 1975.

Rabinowitch, Alexander, 《1917년 러시아 혁명: 노동계급이 권력을 잡다》, 류한수 역, 서울: 책갈피, 2017.

Ross, Marc H. & Elizabeth Hormer, "Galton's Problem in Cross-national Research," *World Politics,* Vol. 29, No. 1, 1976.

Ryckmans, Pierre, "Orientalism and sinology," *Asian Studies Association of Australia Review*, Vol. 7, No. 3, 1984.

Said , Edward W, 《오리엔탈리즘》, 박홍규 역, 서울: 교보문고, 2007.

Sartori, Giovanni, "Comparing and miscomparing," *Journal of theoretical politics,* Vol. 3, No. 3, 1991.

Sartori, Giovanni, "Concept misformation in comparative politics," *American political science review,* Vol. 64, No. 4, 1970.

Saxonberg, Steven & Jonas Linde, "Beyond the transitolog –area studies debate," *Problems of Post-Communism,* Vol. 50, No. 3, 2003.

Scarrow, Howard A, *Comparative political analysis: an introduction,* New York: Harper & Row, 1969.

Szanton, David(Ed.), *The politics of knowledge: Area studies and the disciplines,* Berkeley: University of California Press, 2004.

Tanuer, Judith M, et al, *Statistics: A guide to the unknown,* California : Duxbury Press, 1988.

Vukovich, Daniel, *China and orientalism: Western knowledge production and the PRC,* London: Routledge, 2013.

Wallerstein, Immanuel, *Geopolitics and geoculture: Essays on the changing world-system,* Cambridge: Cambridge University Press, 1991.

Wax, Rosalie H, *Doing Fieldwork: Warnings and Advice,* Chicago: University of Chicago Press, 1971.

Whitesitt, J. Eldon, *Boolean algebra and its applications,* New York : Dover Publications, 2012.

Wilson, Edward O, *Consilience: The Unity of Knowledge,* New York: Vintage, 1999.

Yin, R, *Case Study Research, Design and Methods*, California: Sage Publications, 1984.

三谷太一郎, 《일본 근대는 무엇인가: 정당정치, 자본주의, 식민지 제국, 천황제의 형성》, 송병권·오미정 역, 고양: 평사리, 2020.

加藤陽子, 《그럼에도 일본은 전쟁을 선택했다》, 윤현명·이승혁 역, 파주: 서해문집, 2009.